Bea

Les Éditions du Boréal
4447, rue Saint-Denis
Montréal (Québec) H2J 2L2
www.editionsboreal.qc.ca

LA LENTEUR
DES MONTAGNES

DU MÊME AUTEUR

La Mémoire de l'eau, roman, Leméac, 1992 ; Babel/Actes Sud, 1996.

Les Lettres chinoises, roman, Leméac, 1993 ; Babel/Actes Sud, 1999.

L'Ingratitude, roman, Leméac, 1995 ; Babel/Actes Sud, 1999.

Immobile, roman, Boréal/Actes Sud, 1998 et 2004.

Le Champ dans la mer, roman, Boréal/Seuil, 2002.

Querelle d'un squelette avec son double, roman, Boréal/Seuil, 2003.

Quatre Mille Marches. Un rêve chinois, essai, Boréal/Seuil, 2004.

Le Mangeur, roman, Boréal/Seuil, 2006.

Un enfant à ma porte, roman, Boréal, 2008 ; Seuil, 2009.

Espèces, roman, Boréal/Seuil, 2010.

La rive est loin, roman, Boréal/Seuil, 2013.

Ying Chen

LA LENTEUR
DES MONTAGNES

essai

Boréal

© Les Éditions du Boréal 2014
Dépôt légal : 3ᵉ trimestre 2014
Bibliothèque et Archives nationales du Québec

Diffusion au Canada : Dimedia
Diffusion et distribution en Europe : Volumen

Catalogage avant publication de Bibliothèque et Archives nationales du Québec et Bibliothèque et Archives Canada
Chen, Ying, 1961-
    La lenteur des montagnes
    ISBN 978-2-7646-2330-5
    1. Chen, Ying, 1961- – Exil. 2. Écrivains québécois – 20ᵉ siècle – Biographies. 3. Canadiennes d'origine chinoise – Biographies. 4. Canadiens d'origine chinoise – Identité ethnique. 5. Enfants d'immigrants – Québec (Province). I. Titre.
PS8555.H444Z472   2014   c848'.5403   C2014-941575-3
PS9555.H444Z472   2014
ISBN PAPIER 978-2-7646-2330-5
ISBN PDF 978-2-7646-3330-4
ISBN ePUB 978-2-7646-4330-3

Pour Lee,
Et aussi pour Yann, qui sait lire
ce qui n'est ni dit ni écrit

Mon enfant, ma vie,

Depuis longtemps déjà je souhaite t'écrire. Je ressens le besoin de compenser les bandes dessinées que je n'ai pas faites, mais que tu aurais adorées. Je me crois incapable d'en faire, sans doute à cause d'un tempérament un peu grave, un peu montagnard. Je ne savais répondre à tes questions quand tu étais encore très jeune : « Qui a gagné la guerre ? Les Gaulois ou les Romains ? Les Chinois ou les Japonais ? » Pour réaliser un album amusant, il faut souvent des réponses simples et claires, que je n'ai pas. En fait, personne dans l'histoire n'a jamais gagné de guerre. Tous y perdent quelque chose. Combien chacun perd-il ? Eh bien, la perte est une chose difficile à mesurer. Nous savons que Han Xin, le génie militaire du premier empereur de la dynastie Han, qui succéda à la dynastie Qing, a remporté la victoire contre la célèbre armée de Xiang Yu, et qu'il a fini par succomber lui-même, peu de temps après, à la cour, sous les coups des servantes de la reine. En toutes choses les opinions nettes dont un enfant a besoin me font défaut. Trop de détails, de doutes et de contradictions se présentent en même temps dans ma tête. Cela pèse sur une maman. C'est la fin de l'enfance.

Je voudrais t'écrire, au moment où tu sors de ton enfance et t'approches du monde adulte, à propos de cette relativité, de cette incertitude et de l'importance de comprendre qu'une situation et un événement peuvent être vus dans une multitude de perspectives possibles, selon l'angle où l'on se situe, que les vérités absolues n'existent pas, que le monde n'est jamais noir ou blanc, qu'il faudrait non seulement respecter et accepter la différence, mais encore savoir que toute différence d'opinion ou de comportement est née, non pas de raisons biophysiques, mais de ce que j'appelle des « angles différents », de notre position au moment où l'on pose le regard sur quelque chose ou entame une action. La « différence culturelle » est un terme politiquement correct qui est, dans la plupart des cas, utilisé comme synonyme de « différence raciale ». Personne n'en a clairement précisé le contenu, il reste dangereusement vague et ambigu.

Ayant vécu de très longues années en Chine puis au Canada, je trouve que ces deux cultures sont beaucoup moins différentes qu'on ne le croit. La différence culturelle est selon moi une différence temporelle. Maintenant que la Chine entre dans l'ère de la commercialisation après avoir presque sauté celle de l'industrialisation, il n'y a plus beaucoup de différences, à mes yeux, entre ces deux pays. Par exemple, des deux côtés de l'océan, le taux de natalité chute à la même vitesse depuis des décennies, depuis le *baby-boom* des années cinquante. Le vieillissement de la population est VISIBLE dans une ville comme Shanghai. La politique de l'enfant unique a déjà été revisée : les couples formés de deux enfants uniques ont maintenant le droit de donner naissance à deux bébés. Or beaucoup d'« enfants uniques », qui ont maintenant environ trente ans, n'ont pas le désir de se reproduire. Ce n'est qu'une question de temps avant qu'une nouvelle politique démographique ne voie le jour, afin d'encourager le taux de naissance.

Mais dans ton école, parmi tes camarades, il n'y a pas ce souci de discrétion ou de camouflage. On dit simplement : « Ces Chinois, ils sont tous comme ça. » On appelle presque tous les Asiatiques, des « Chinois ». Et tu reviens à la maison me dire la même chose. Quand c'est toi qui le dis, ce n'est pas aussi facile que pour tes camarades « blancs bronzés » qui rigolent des gens d'autres races et qui, de ce fait, s'accordent une supériorité et une force qu'ils n'ont pas réellement, le mépris des autres faisant partie de leur crise d'adolescence, reflétant les idées reçues de leur entourage. Je sens qu'il y a une complication douloureuse dans ton jeune cœur. Cette douleur en toi vient de ton amour pour ta mère, de ta honte et de ton regret parfois d'être né tel que tu es. Je comprends tout cela, et je souffre de ta souffrance.

Il est nécessaire que je t'écrive très longuement, parce que la situation est très complexe. De simples échanges quotidiens ne suffisent pas. Connaissant un peu l'histoire de l'Europe, l'histoire des deux guerres mondiales, l'histoire de l'Amérique, l'histoire des dynasties chinoises, toi aussi tu te rends compte que les civilisations, tout comme les langues, ne sont pas faites pour durer éternellement. Le changement est une loi absolue dans un monde sans absolu. Comme le dit un proverbe chinois : « Trente ans rive est, trente ans rive ouest. » Tout orgueil, mépris (y compris le mépris de soi) et préjugé provient d'une vision presque animale, sans perspective historique ni compréhension circonstancielle, fondée sur une croyance inébranlable (la croyance à la permanence). Après avoir vu, toi aussi, de tes propres yeux, la quantité d'eau et d'électricité consommée par les foyers à Shanghai, le pourcentage de la population possédant une voiture – la plupart du temps, de marque étrangère –, le prix des tickets de bus et de la taxe automobile, par comparaison à ce qui se passe en Amérique depuis presque un siècle déjà, tu trouveras le phénomène ahurissant, conscient que le pouvoir d'achat de la classe moyenne à Shanghai égale déjà celui des Américains. Cette Amérique qui se proclame haut et fort protectrice d'abord des droits de l'homme, tout en tuant un nombre incalculable de personnes pour le pétrole, protectrice ensuite de l'environnement, tout en utilisant la voiture comme un second habitat, comme une extension du corps. Ici, deux voitures par famille est la norme. Cela coûte plus cher de se déplacer en bus. Tu sais qu'il faut toujours comparer les pommes avec des pommes, que par prudence intellectuelle, on ne peut pas critiquer un système sans en étudier les raisons historiques ni juger un peuple sans considérer son chemin, ses détours, ses moyens et ses fardeaux, son éducation et ses habitudes, son déclin et les efforts qu'il fait pour ne pas mourir.

Je ne suis pas en mesure de t'empêcher de placer tes illusions dans un quelconque système ni d'avoir honte d'une collectivité à laquelle tu n'as pas à appartenir, dont l'histoire n'est pas ta responsabilité. Je peux seulement te confier comment j'essaie de trouver une sérénité dans une vie où l'on fait de ma naissance quelque chose de prédominant, où chacune de mes actions est interprétée sous l'angle de la « culture », voire de la « race », où mes livres sont souvent interprétés comme essentiellement « chinois », où l'on nie mon individualité.

Voici ce qui se passe : j'ai décidé que je ne peux plus m'en tenir à quoi que ce soit de local, que je bois l'eau de toutes les mers, que je respire l'air de l'univers, que je reçois l'enseignement des maîtres de tous les temps sans être disciple d'aucun. Mais cela semble un peu ennuyeux et risque de me faire paraître comme un étrange produit ou comme une pauvre victime de l'horrible mondialisation. D'ailleurs, je n'ai jamais compris comment la mondialisation a pu devenir un sujet si à la mode, un phénomène attaqué par tous. Ce qu'aujourd'hui on qualifie de « mondialisation » est aussi vieux que le monde.

Je t'en donne un exemple.

Tu sais que je lis le *Yi Jing* en français. Comment cela se fait-il que pour accéder au livre le plus ancien de la Chine, je doive, moi, passer maintenant par des traductions occidentales ? Aurais-je été mal formée dans mon pays natal ou n'aurais-je pas fait assez de devoirs dans ma jeunesse pour connaître la culture dans laquelle je suis née ? Les guerres et les révolutions auraient-elles vraiment le pouvoir de tuer ce qu'on voudrait croire immortel, la langue et la civilisation ? Un siècle après le mouvement du 4 mai, les Chinois auraient-ils encore besoin du secours du monde extérieur pour éviter le naufrage, pour répondre à cette urgence de renouvellement encore une fois ressentie à cette époque dite de l'ouverture et de la réforme ? Ces questions susciteraient des débats passionnés dans certains milieux en Chine, où parfois l'altérité paraît une menace, où le mot *identité* n'est pas encore démodé, n'a pas encore été discrètement remplacé par le mot *mémoire*. Ma réponse est simple : le *Yi Jing* primitif n'existe plus. La plus vieille version dont nous disposons aujourd'hui est une traduction de Kongzi (Confucius) et de Laozi (Lao-tseu), en une langue chinoise difficilement accessible aux Chinois de ma génération sans une formation spécialisée, tout comme, en Occident, peu de jeunes de ton âge connaissent le latin et veulent l'apprendre. Certes, on trouve de nombreux écrits sur ce mystérieux livre, au fil des siècles ; les traducteurs et les commentateurs anciens et modernes ne manquent pas, mais ils sont souvent portés par des intérêts politiques, moraux ou divinatoires, par un souci de vulgarisation. Ils veulent que le livre serve leurs fins, et entre leurs mains celui-ci perd de sa beauté originale : il en émane, sous l'effet du temps, une odeur de pourriture qui fait fuir la jeunesse d'aujourd'hui. La version de Richard Wilhelm, en revanche, a notamment la qualité d'être l'une des plus désintéressées et justes, car le traducteur, une fois sa traduction en allemand terminée, l'a retraduite en chinois pour en vérifier le contenu avec son enseignant. Celui (ou celle) qui traduit le *Yi Jing* ne peut jamais être seulement traducteur. Écrite dans une langue primitive où un mot désigne mille choses, la « traduction » de Kongzi nécessite un travail d'interprétation et de clarification considérable. Une double traduction par la même personne inspire donc confiance.

Ce parcours, ce détour même, que Wilhelm a entrepris pour transmettre tant bien que mal le contenu du *Yi Jing* – un texte qui lui semblait, pour reprendre ses propres mots, « à la fois étrange et familier » – est aussi le mien, puisque je tente, moi aussi, de m'approcher du *Yi Jing* (qui me paraît également « à la fois étrange et familier », même si ce n'est pas exactement comme l'entend Wilhelm) par le biais d'un esprit occidental. Du reste, ce parcours est en soi une excellente représentation de la philosophie du *Yi Jing* : celle de la transformation.

Le *Yi Jing* se préoccupe non pas de la recherche des choses dans leur essence, telles que définies par leurs limites corporelles, mais de leurs mouvements et des rapports qu'elles entretiennent, malgré elles, au fil de leur transformation. Le caractère *Yi* veut dire « changement, échange, mutation, transformation ». Le sort du *Yi Jing*, qui témoigne de la façon dont nos anciens concevaient l'univers et l'existence, nous montre déjà jusqu'à quel point une mémoire, aussi fondamentale puisse-t-elle être, malgré sa fixation par écrit et avec comme véhicule la langue elle-même, nous est difficile à conserver intégralement, à déchiffrer et à saisir dans son sens original, en dépit de nos désirs et de nos efforts pour l'éterniser dans le temps.

L'un des esprits occidentaux les plus proches du *Yi Jing* s'exprime à mes yeux chez Paul Valéry. Il a avoué dans ses *Cahiers* que ce dont il a le plus peur est de se faire définir. La mémoire, selon lui, est « d'essence corporelle », liée à la forme, sous condition de la « répétabilité ». Or, poursuit-il, toujours dans ses *Cahiers*, « l'esprit abhorre la répétition, et tant qu'on se répète, il n'y a pas esprit ».

Le livre le plus ancien de Chine, tout comme ce pays même, connaît sa renaissance, redevient moderne seulement lorsqu'il flotte sur les vagues de l'époque moderne et reçoit de ses lecteurs le souffle du temps. Les cultures, éphémères par définition, renaissent au croisement d'autres cultures. Car le *nous* n'existe pas s'il n'y a pas de *vous*. L'individualité est une illusion si l'*autre* ne vient pas la nourrir, la remplacer ou la recréer. La vie s'arrête quand il n'y a plus d'interaction entre le yin et le yang. Rien en ce monde n'est définitif. Tout est passage. Tout meurt et tout renaît, parce que tout change. Voilà la seule loi permanente de l'être et du devenir qu'enseigne le *Yi Jing*.

Rainer Maria Rilke, en commentant une peinture de Léonard de Vinci, a décrit sous un autre angle la dynamique entre le soi et l'*autre* : « On sait comme on voit mal les choses parmi lesquelles on vit, et il faut souvent attendre que quelqu'un arrive de loin pour nous dire ce qui nous entoure. Et l'on dut ainsi repousser aussi loin de soi les choses, afin d'être plus tard capable de s'en approcher d'une façon plus équitable et plus calme, avec moins de familiarité et à distance respectueuse. Car on ne commença à comprendre la nature qu'au moment où l'on ne la comprit plus, qu'on sentit qu'elle était l'Autre. » Pour mieux contempler le paysage, il faut que le *soi* se détache et devienne l'*autre*.

Ce qui rapproche Rilke du *Yi Jing* est cette mise à distance entre le *soi* et l'*autre* qui permet de les considérer non pas comme une matière utilisable, mais comme des images sans signification pratique. C'est cette reconnaissance d'une grande réalité qui dépasse la forme que les taoïstes, héritiers du *Yi Jing*, appellent « la voie ». Selon le *Yi Jing*, « [l]es transformations n'ont ni conscience ni action, elles sont paisibles et ne se meuvent pas. Mais si on les excite, elles pénètrent toutes les situations sous le ciel ».

Non seulement nous devons sans cesse traduire, interpréter et réinventer notre vieille mémoire collective, mais nous ne sommes pas plus certains de notre mémoire personnelle et récente. Nous doutons de la capacité de notre cerveau de conserver une réalité sans l'altérer, sans que la moisissure du temps pousse sur le corps de cette réalité ni que celle-ci prenne une teinte artificielle à force de baigner dans un liquide antiseptique ou sirupeux.

Selon le *Yi Jing*, notre mémoire se transforme au fur et à mesure que notre vie change, que les souvenirs se superposent, que les impressions prennent racine. Ainsi naît la fiction.

Si la mémoire elle-même n'est plus chose solide et définitive, que reste-t-il du soi, de notre identité ? D'ailleurs, sommes-nous tous censés en avoir une, d'identité ? Par exemple, dans un village isolé au cœur des montagnes, on ne parle pas d'identité. On sort le matin labourer la terre, on rentre le soir se coucher, suivant le même trajet, rencontrant les mêmes visages, d'année en année, de la naissance à la mort, d'une génération à l'autre. Mais comme le prouvent la marche de l'humanité dans le temps et l'histoire de toutes les espèces vivantes, comme il est écrit dans le *Yi Jing*, dès qu'un étranger arrive, inévitablement, nécessairement, dès que la forte présence de l'*autre* ébranle nos confortables habitudes et vient annoncer le changement, on éprouve le besoin de s'identifier, de faire appel à la mémoire, aux ancêtres. Car l'identité résulte de la comparaison, tout comme la pauvreté est une impression née du rapport avec l'*autre*. On se dit : qui suis-je par rapport à l'*autre* et par rapport à la communauté à laquelle je crois appartenir ? C'est alors qu'on entre dans l'univers littéraire.

Le monde se divise en deux camps.
La plupart des hommes essaient de s'accrocher au familier, de catégoriser l'*autre* afin de le différencier du soi, de clouer les êtres et les choses dans un temps, dans un espace, dans une forme, afin qu'ils

demeurent les mêmes éternellement, de privilégier la structure aux dépens des événements, d'ignorer l'extrême diversité et complexité des expériences humaines, lesquelles ne peuvent jamais se laisser étiqueter sans être appauvries et dénaturées.

D'autres, moins nombreux, sont déroutés au contact de l'étranger, ou même avant, même sans ce contact provocateur, à cause d'une prédisposition liée à l'expérience de la vie, à l'éducation ou au caractère. Ils ne savent plus qui ils sont, à quoi ils appartiennent, ils perdent ou délaissent le soutien de leur communauté, ils deviennent étrangers l'un par rapport à l'*autre* et chacun par rapport à *soi*. Ils perdent leur langue, leur nom, qu'ils ne croient plus posséder tout à coup. Ils refusent toute forme de différenciation, pas parce qu'ils croient que le monde d'aujourd'hui, dont la mobilité est plus grande qu'au temps de Richard Wilhelm, n'est plus qu'un seul village, que la vie est partout la même, les êtres et les choses identiques. Non, ce n'est pas cela, ce n'est pas à l'universalité qu'ils pensent. Ils trouvent au contraire que le temps est déjà un facteur qui génère sans arrêt des différences et mène à la dissociation, à tel point que toute tentative de fixation leur paraît futile.

Tu vois bien que, dans ma liste de lecture, les livres « étrangers » prédominent. On pourrait penser que je suis un cas particulier, que je suis une

Orientale occidentalisée, une simple d'esprit facilement assimilable. Mais si l'on entre dans une librairie à Shanghai, on sera étonné de la quantité de livres étrangers, on se rendra compte que presque tous les écrits de notre temps considérés comme importants, peu importe la langue, sont traduits et publiés dans ce pays. Au même moment, en Occident, je connais des éditeurs qui publient presque exclusivement des ouvrages étrangers et qui font fortune. Évidemment, des échanges ont lieu dans bien d'autres domaines. Comme écrit Paul Ricœur dans son ouvrage *Soi-même comme un autre* : « Soi-même implique l'altérité à un tel degré intime que l'un ne peut être pensé sans l'autre. » L'identité devient alors une croyance, un emprisonnement, un terme dépassé par ce qu'il aurait voulu cerner, aussi bien les individus que les peuples, par les réalités des êtres et des choses en perpétuelle mutation.

Dans l'univers du *Yi Jing*, dans le tourbillon des transformations, ceux qui sont partis du village, qui se sont détachés de leur forme, n'ont pas d'appartenance, ne possèdent rien. Ils deviennent des fantômes, ou se transforment en simple matière périssable. Ils n'ont rien à choisir, car ils ne peuvent reconnaître l'*autre* tant qu'ils ne sont pas sûrs de la réalité de leur propre existence. Même si, quelquefois, ils doivent agir par nécessité de survie ou par compassion, leur vie dans son ensemble est un voyage, une séance de contemplation, un rêve. La littérature moderne me semble née de la conscience de cette perte d'identité et de cette mouvance.

Malgré mon antipathie habituelle pour les pages poussiéreuses – la version originale du *Yi Jing* m'est très difficile à comprendre et son adaptation en chinois moderne tend à être scolaire et aride –, je me suis donc mise à lire la traduction de Richard Wilhelm, et j'y ai découvert une très grande poésie. Wilhelm traduit, mais le souffle du traducteur interprète. En lisant ce livre ancien, on n'obtient pas de réponses directes ni de solutions concrètes – ç'aurait été simplifier le *Yi Jing* et en appauvrir la poésie –, mais on entre dans un état d'esprit serein et limpide qui contraste avec le tumulte des événements, ce qui constitue déjà une quasi-action.

C'est dans le contexte de cette perpétuelle décomposition et recomposition du monde visible et du soi profond que je me demande, en matière d'écriture et tandis que je me trouve aujourd'hui dans les sillons que j'ai moi-même creusés dans la pauvreté avec un enthousiasme aveugle, comment continuer ou comment ne pas continuer. Le doute persiste en moi alors que j'avance difficilement sur un chemin assez isolé, à l'écart de la grand-route, et surtout sans les images que ton frère et toi, qui avez tant aimé les bandes dessinées, auriez préféré trouver dans mes livres.

C'est que la grande traversée des eaux, d'abord du Pacifique et ensuite de l'Atlantique, impose à ma perception une mort progressive des éléments extérieurs et une amplification des formes intérieures. Je ne vole pas pour autant, je plonge. Les souvenirs d'enfance, les paysages d'antan, le vacarme nouveau, je ne peux pas les évoquer ou les reproduire avec assurance sans tout de suite entendre de fausses notes. Quand je travaille, les éléments de la vie concrète se métamorphosent et perdent leur nom. Pendant des années, je me suis appliquée à faire vivre les mots, espérant par eux seuls décrire mes impressions sur l'humanité, sur sa pénible marche ou sur son lent et confortable déclin. J'espérais par eux seuls être sauvée de cette marche et de ce déclin.

La seconde condition, qui contredit la première mais qui est elle aussi liée à ma traversée, est la confusion de l'esprit et du sentiment face aux mœurs et au temps. À force de regarder une rivière, non pas en restant assise en position du lotus, mais en courant le long de sa rive, je ne vois ni début ni fin, ni origine ni destination. La destination étant aussi l'origine, la fin déjà inscrite dans le début. Presque tous mes livres, leurs sujets comme leur construction, reflètent ce cycle vertigineux dont je n'ai pas l'espoir de sortir. Et si, par mégarde ou consciemment, j'entre dans la rivière, la jouissance et l'effroi sont tout aussi grands l'un que l'autre, puisque l'eau me vient de partout, que la confusion s'infiltre en moi jusqu'aux os.

J'ai toujours voulu, du moins dans l'écriture, décrire et dépasser les petites confusions de l'existence pour arriver à une grande simplicité. Je crois que, au sommet de l'art, au sommet de la vie, il n'y a rien d'autre que la grande simplicité, ce quelque chose proche de la mort qui se présente avant la fin elle-même. Je me rends bien compte que je suis encore loin de cela. J'en étais très consciente au cours de la composition des mes livres ; j'ai d'ailleurs limité les descriptions physiques des lieux et des personnages au strict minimum. Mais ce n'était qu'une démarche technique. Je voudrais acquérir une simplicité de vision. Les luttes et les quêtes que j'ai menées devraient, je pense, sans me distraire ni m'affaiblir, me permettre d'y parvenir. Tel est pour moi l'objectif ultime de l'écriture.

Cependant, la simplicité est peu compatible avec la littérature. Parmi les textes littéraires qui me plaisent, j'en connais peu qui ne soient compliqués, tourmentés et, en un sens, maladifs. De plus en plus souvent, les mots, mes propres mots, me paraissent trop tumultueux, à la fois trop tranchants et trop confus, et je rêve de travailler avec une autre matière, qui aurait la vertu de m'empêcher de plonger dans les ténèbres et de préserver la clarté de mon esprit. Cet instrument magique, je ne l'ai pas encore trouvé. J'ai voulu essayer l'aquarelle, mais je n'en ai pas encore maîtrisé la technique. Toutefois, je déborde d'enthousiasme à l'idée que, dans un avenir proche, je pourrai commencer à peindre les eaux et les cieux autour de « notre » île. Entre-temps, les mots continuent à bourdonner dans ma tête, je continue à les noter dans une confusion lucide et dans une lucidité confuse, impossible de m'arrêter.

J'ai ouvert le *Yi Jing* au hasard. Je voulais trouver une réponse à ma dérive inquiétante et en savoir plus sur l'éventualité d'aborder un rivage. J'ai lu le paragraphe suivant : « C'est la première heure du matin. Le travail commence. Après que l'âme s'est trouvée isolée du monde extérieur dans le sommeil, les relations avec le monde recommencent à s'établir. Les traces des impressions s'entrecroisent. L'activité et la hâte règnent. Il est alors important de conserver le recueillement intérieur et de ne pas se laisser emporter par l'agitation de la vie. Lorsqu'on est grave et recueilli, on parvient à la clarté nécessaire pour affronter les nombreuses impressions qui nous assaillent. C'est précisément au commencement qu'une telle gravité recueillie est importante, car le commencement contient les germes de tout ce qui viendra ensuite. »

Cette souffrance dont je te parlais plus tôt, liée à ta naissance, à ta race, tu la retrouveras inévitablement dans mes livres. J'ignore le moment précis où ma série de romans ténébreux sur le temps, l'espace et les instincts est née. Le « moment » est là depuis toujours, je crois, depuis mon départ de Shanghai et, surtout, depuis ta venue dans ma vie, car j'ai pressenti ton malaise d'adolescent à ce sujet. Il s'agit souvent d'une obsession identitaire, qu'elle soit quête ou contestation. Tous ces livres sont dépourvus de références géographiques et, cependant, inévitablement ancrés dans l'actualité. Je voudrais donner l'impression que ces histoires se passent dans un temps plus large que l'actualité et dans un lieu qui n'a pas à être défini sociogéographiquement. Car ce qui nous arrive est aussi ancien que le *Yi Jing*.

Mais la souffrance que tu portes vaguement et silencieusement en toi, que tu renies même, et qui se traduit par ton désir de ne pas être né de parents chinois et de pouvoir avoir un nom et un physique d'occidental, par ton refus de parler chinois en public et par ta honte de mon accent quand je ne parle pas dans ma langue maternelle, cette souffrance presque originelle, liée à ta naissance dans un endroit où tu n'as pas encore, en dépit de ton acte de naissance, le même droit de cité que moi à Shanghai, même si je n'y habite plus et que je n'ai plus de passeport, cette souffrance que j'essaie de diluer en te citant le *Yi Jing*, elle n'est qu'intermittente pour le moment. La vitalité de la jeunesse te sauve encore. Maintenant que mille activités t'appellent et, je l'espère, assureront ta croissance, je ne peux plus t'étreindre longuement dans mes bras en silence, sans bouger, en versant des larmes sereines.

Des lettres comme celles que je suis en train de t'écrire, je devine que tu n'en recevras pas beaucoup de semblables dans ta vie. J'adore écrire des lettres qui permettent la spontanéité et l'intimité, sous une apparence informelle. Cela ressemble beaucoup à ce qu'on appelle en chinois *san wen*. Elle est bénéfique, la liberté dans la contrainte. Libre de ne pas structurer, inventer ou même penser, libre d'écrire au hasard, de suivre son désir, d'écouter en soi les voix les plus profondes, les plus vraies, les plus spontanées, les voix fluettes ou grandioses, claires ou obscures, généreuses ou odieuses, et ensuite de les exposer en toute honnêteté, avec courage. C'est ce que j'apprécie dans les « textes littéraires libres » (faute de terme générique précis). Outre les *Cahiers* de Paul Valéry et l'œuvre en prose de Rilke, il y a par exemple les *Lettres à ses amis* de Saint-Denys Garneau, le journal de Virginia Woolf, les essais d'Yvon Rivard et un grand nombre d'écrits de Lu Xun. Aujourd'hui, ce sont précisément de tels textes qu'on juge « repliés sur eux-mêmes », parce qu'on ne connaît plus la nécessité du repli, telle la nécessité de l'ombre dans la peinture, du vide dans le plein, du reflux des vagues dans la marée montante.

J'ai l'impression de faire partie de la dernière

génération qui écrit des lettres, et toi tu appartiens probablement à la dernière qui en reçoit, et encore d'une mère écrivain. Quand je suis partie de Shanghai en 1989, je ne savais pas dactylographier. Désormais, je communique aisément par courrier électronique. Notre espèce se transforme. Les montagnes bougent vers un nouvel âge spirituel, sans lettres. Il y a de moins en moins de lettres qui ne visent pas à informer, qui essaient de communiquer ce que les paroles ne peuvent transmettre. Du moins, aucune parole spontanée, rapidement prononcée, remplie d'humour, ne saurait parler des montagnes : de leur silence, de leur lenteur, de leur patience, de leur inutilité, de leurs falaises, de leur magnificence et de leur repli. Tout cela semble si vieux, si éloigné de la réalité. Les montagnes sont par essence antimodernes.

Étant une montagnarde dans l'âme, je redoute que la technologie t'impose des privations plus graves qu'une révolution culturelle, comme celle que j'ai connue dans mon enfance. Dans les années soixante-dix, c'est vrai qu'il y avait peu de livres, qu'il y avait beaucoup de slogans et de hurlements. Mais tant que nous n'étions pas attirés par les slogans et les hurlements, tant que nous n'étions pas jetés en prison, nous pouvions être au calme et lire. Nous avons quand même dû étudier de la poésie ancienne, écrite il y a mille ans. Nous n'avions pas le choix. Nous étions sous le joug d'un régime autoritaire. Ici, si tu n'as jamais lu un vers de Byron, tu as toute la liberté de ne pas le faire. Et l'existence de Facebook te déconcentre et te fait vivre dans un bavardage continuel. Ton enfance est plus bruyante que la mienne. Au moment où je t'écris, je suis encore troublée par la découverte d'un détail dans ton cahier de maths. Pour trouver que 729 = 3 x 3 x 3 x 3 x 3 x 3, par exemple, j'ai appris à diviser le chiffre par le dénominateur donné le nombre fois nécessaire, méthodiquement et autant que possible mentalement. Mais on vous a demandé de *deviner*. Si vous n'y arrivez pas, on vous autorise à taper « $\log_3 729$ » sur vos calculatrices de plus en plus sophistiquées, et vous aurez la réponse instantanément. Les mathématiques risquent d'être réduites à des devinettes et des « taper-copier », tout comme la littérature pourrait devenir une simple source d'information sociologique ou à un outil de communication sans aucune profondeur. La démocratie, au lieu d'élever l'esprit de la masse, la sous-estime en lui fournissant des solutions de facilité. Cet ultime mépris entraîne une destruction en douceur. Une élite technologique dominera un jour un monde composé d'opérateurs d'écran tactile.

« Et alors ! » J'ai appris de toi cette expression si mignonne, si désinvolte. Tu existes. Pour moi, rien d'autre n'est plus important. La vie est possible, le monde est beau, l'humanité est noble, la technologie est grandiose, tout climat est supportable, aussi longtemps qu'il y a une vallée en fleurs.

Si nous sommes séparés par l'âge, par le temps, nous sommes liés par le sang. Nous avons tous deux soif de la mer, de ce vaste espace, de la fraîcheur de l'écume, de la puanteur des algues, de l'exaltation que les vagues et le vent du large suscitent en nous. Dès que tu arrives à la plage, ton jeune visage semble s'illuminer. Et je deviens heureuse comme une enfant. La mer est notre sang commun. Saint-Denys Garneau écrit dans une lettre : « Mais qui me parlera de Dieu comme la mer ? » Et j'ajouterais : « Qui rêvera de la mer comme une montagne ? » Dans l'ancien temps, quand les peintres chinois – des montagnards pour la plupart – peignaient des montagnes, ils les ceignaient de nuages, les « coupaient » du sol et effaçaient les racines de la forêt : ils inventaient un monde flottant entre ciel et terre. Leurs montagnes ressemblent à des îles. Aspirées par la légèreté des nuages, elles semblent se « liquéfier » et perdent leur poids.

Au cours de nos promenades, nous sommes souvent agréablement surpris par la marée haute. Le chemin habituel a disparu. Ne pouvant plus avancer, ou croyant cela, je m'assois sur une pierre. Les éclaboussures ont mouillé mes chaussures. J'ai le vertige. Je t'ai regardé grimper sur les rochers et sauter de l'un à l'autre, avec tant de joie, de grâce, de netteté. Rien ne semblait pouvoir empêcher ton mouvement. Ta silhouette au crépuscule, grandissante de jour en jour, couverte d'une veste parfois de couleur vive, mais souvent noire, disparaissant puis émergeant à nouveau parmi les très hauts rochers, m'a fait penser à de vieilles peintures chinoises. Tu es ce nuage qui relativise le paysage – tout paysage.

Combien l'absence de silence me rend folle ! Et toutes ces lumières artificielles ! Je sais que, de nos jours, le silence et l'obscurité sont des luxes, les exiger est un caprice. J'aurais aimé, mon cœur, t'élever dans de meilleures conditions. Mais tu n'es guère exigeant. La force de vivre est si grande en toi que, t'aurais-je emmené vivre dans un désert, tu serais heureux. Je souhaite néanmoins, en t'écrivant, continuer d'être avec toi, comme une chaîne de montagnes qui entoure une vallée effervescente.

Tu sais combien je rêve du silence de la montagne. Pour moi, le regard ne peut vraiment commencer que lorsque l'agitation cesse et que le calme s'installe. Ce qui m'empêche de regarder n'est autre chose que ce qui se passe dans ma propre tête, dans ma tête d'adulte, et qui peut être très bruyant même quand je ne prononce pas un mot. Je ne regarde plus quand je me laisse entraîner par les vicissitudes de la vie, dans des actions peut-être nécessaires, mais non essentielles. J'appelle essentiel ce qui tient en vie, ce qui donne un sens à une vie consciente. Les cris d'un enfant sont bien différents, comme les chants des oiseaux, les battements des vagues contre les rochers – sons calmes et apaisants. Il m'arrive de ralentir le pas en passant devant une école primaire au moment de la récréation, pour recevoir ces sons revitalisants. Rassure-toi : tu n'as jamais été une source d'angoisse pour moi. Au contraire, d'année en année, tout le bruit que tu fais dans la maison me procure une immense quiétude, même quand je me plains pour t'apprendre la politesse. Cette musique va durer, même quand tu seras grand, même quand tu seras absent, et elle va m'accompagner pour toujours.

Nous sommes en vacances. Comme pour beaucoup de gens, il est temps de voyager. Je sais que toi aussi tu souhaiterais partir. Je comprends ton désir. Laozi écrit : « La grandeur exige l'étendue, l'étendue exige l'éloignement, l'éloignement exige le retour. » Nous allons voyager, je te le promets. Nous allons continuer à partir et à revenir. Ensemble, nous allons visiter des musées et des montagnes, des humains et des animaux, nous allons marcher et regarder. Car partir, c'est apprendre à ne pas partir ; voyager, c'est apprendre à regarder sans bouger.

Cette année, pour diverses raisons, nous restons chez nous. Vancouver est très agréable en été et nous venons de trouver un endroit dans une île peu éloignée. La traversée m'enivre chaque fois, dans le vent salé du large et dans l'odeur des eaux émeraude. De temps en temps, je travaille dans le jardin. La fraîcheur de l'air environnant, la senteur des feuilles et des plantes ainsi que le contact de mes mains avec le sol m'inspirent un tel plaisir, un tel sentiment de relative permanence, que je me trouve étonnamment attachée à cette terre. Cette expérience, je ne l'ai pas vécue dans mon pays natal. Ayant grandi à Shanghai, je n'ai pas eu l'occasion d'être aussi proche de la nature. C'est seulement récemment, en tant que Canadienne, que j'ai acquis un sens de la terre et du sol. Nous sommes heureux, n'est-ce pas, d'être là où nous sommes.

Après avoir parcouru le monde, le Candide de Voltaire – c'est peut-être une histoire qui te plaira – est rentré « cultiver son jardin ». Le Candide qui se borne à son jardin, qui passe ses jours à creuser le sol, n'est plus un enfant. Pourtant, par rapport à un monde où priment l'intelligence et l'efficacité, il est redevenu jeune d'une certaine façon, après avoir vieilli, après avoir vécu une sorte de mort. Outre le temps, qu'est-ce qui l'a rendu aussi sage, qu'est-ce qui l'a vieilli, sinon l'agitation ? On suppose que Candide, aussi longtemps qu'il respirera, continuera à regarder. Le fait qu'il ait choisi un petit jardin comme objet de contemplation et terrain d'action, par opposition à la vaste planète, laisse entendre qu'il y a aussi des choses à voir dans son jardin, que sa vie pourrait être bien remplie sans qu'il ait besoin de s'adonner à cette course aux quatre coins de la terre, cette course devenue le plus grand divertissement de notre époque. Il faudrait mesurer combien cette activité enrichit et appauvrit l'humanité, sur tous les plans – économique, environnemental, philosophique, psychique et autres.

Les poètes chinois de l'ancien temps étaient souvent des politiciens déçus, mal compris et tombés en disgrâce. Lorsqu'ils ne pouvaient réaliser leur ambition politique, ils se retiraient du monde et s'installaient parfois à la campagne ou dans la haute montagne, pour écrire, dans l'espoir d'être compris des générations futures, la nature étant considérée comme une cure et un moyen de purifier l'esprit.

Je crois avoir hérité de ces poètes, non pas de leur penchant pour la politique, mais de leurs rêveries sur la nature. J'apprécie le Canada pour cela. C'est sans doute un cliché, car le Canada a bien d'autres choses à offrir qu'une terre vierge et une forêt infinie, mais de ce pays c'est tout de même la nature que j'aime le plus.

Depuis que j'habite à Vancouver, j'ai l'impression de ne plus pouvoir me pencher très longuement sur l'aspect pathétique de mon parcours. Ce dernier paraîtrait peut-être singulier ailleurs, mais ne l'est pas ici, il est même franchement commun. La réalité du Canada est, à un certain degré, ma propre réalité : la plupart des Canadiens viennent d'ailleurs. Quand la poussière du temps finit par recouvrir les traces de leur passage, ils n'ont d'autres choix que de se considérer comme apatrides. Ils sont bien obligés de cultiver de nouvelles racines sur cette nouvelle terre. Ils deviennent eux-mêmes des racines. Comme l'écrit Camus : « Le contraire d'un peuple civilisé est un peuple créateur. »

À Vancouver en particulier, tout le monde semble venir d'ailleurs, a l'impression de n'être nulle part, se plaint du manque de culture, mais la plupart des gens souhaitent y rester quand même. On ne sait pas qui est minoritaire, parce qu'il y a tant de minorités. Et il y a aussi beaucoup d'ethnies au sein de la population asiatique. De temps en temps, dans la rue, on entend même le dialecte de Shanghai. Chacun aménage presque sereinement sa propre solitude. Maintenant, devant un formulaire officiel que je reçois de temps en temps et qui me demande si j'appartiens à une minorité visible, je ne sais plus quoi répondre. Et je suis contente que ce type de question n'ait plus lieu d'être grâce à la réalité démographique de Vancouver, mais aussi à celle d'autres grandes villes, car elle découle d'une mentalité, d'un « politiquement correct », qui ne me convient pas.

J'ai entendu parler de la maladie identitaire quand j'étais en Europe. Cela ne se dit pas au Canada. Mais j'y pense parfois, depuis que vous êtes nés, ton frère et toi. Le Canada est votre pays natal. Vous ne comprenez pas que vous pourriez devenir les *autres*. Et pourtant, à votre jeune âge, vous pouvez déjà très bien percevoir la sourde réalité d'être canadiens sans être blancs. Sourde, parce que cette réalité est tue, subtile, cachée, et que seuls des enfants innocents l'expriment franchement. La vérité sort de la bouche des enfants, transmise par la génération adulte, qui établit des lois et choisit leurs mots. Aujourd'hui, nous ne pouvons plus appeler les Blancs les Blancs. Les Amérindiens sont désormais des gens des « Premières Nations ». Cette ambition de dissimuler une conscience collective profonde et une réalité quasi immuable afin de les faire plier devant des nécessités pragmatiques, devant de nouvelles dynamiques politico-économiques, correspond bien à l'esprit de la vitesse, qui est avant tout un esprit du parvenu.

Et les mots restent les mots. Par exemple, malgré la politique du multiculturalisme, malgré la pression du « politiquement correct », les cours de chinois sont rarement offerts dans les écoles publiques à Vancouver, où la jeune population chinoise représente près de la moitié des enfants, sinon plus. Cette présence massive semble causer une gêne et un choc même chez des Canadiens assez libéraux et qui ont évolué depuis l'époque des taxes anti-asiatiques. Autrefois, on trouvait les immigrants chinois trop pauvres, trop sales, trop laids, trop bruyants ; ils vendaient de tout et pratiquaient les métiers les plus durs. Aujourd'hui, on les trouve trop riches, on les accuse de faire monter le prix de l'immobilier en ville (ces dernières années il a augmenté aussi rapidement dans des villes où il y a peu de Chinois) et de désavantager les vrais

Canadiens, ceux qui ont bâti le pays et qui financent les avantages sociaux. On se demande même s'il fallait leur accorder le droit d'acquérir des terres et des propriétés au Canada, le droit de profiter de ces avantages. On revient ainsi à des arguments semblables à ceux du siècle précédent, lorsqu'une mesure gouvernementale fut prise pour que les immigrants chinois soient soumis à une imposition spéciale. Les enfants des immigrants réussissent à l'école ? C'est parce qu'ils étudient trop, ils ne seront pas nécessairement de bons travailleurs ni bien intégrés socialement. Les jeunes Chinois réussissent dans leur carrière ? C'est parce qu'ils s'intéressent trop au statut social à cause de leurs parents immigrants aux valeurs démodées. À Vancouver, dans le vocabulaire de certains, le mot *immigrant* est synonyme de « féodal », par opposition au mot *canadien*. Si l'on me dit : « *Wow, you are so Canadian!* », je peux être sûre qu'il s'agit d'un compliment, réservé aux bons immigrants seulement.

Contrairement à moi, ton frère et toi n'avez pas un pays – bon ou mauvais – sur lequel vous appuyer, même pas un monde imaginaire où vous réfugier. Vous avez grandi à Vancouver, loin de la langue et de la culture de votre mère, les refusant – il n'est pas du tout *cool* de parler chinois à l'école et vous seriez très perplexes devant une politique qui tente non pas de réunir mais de séparer, avec le fameux « chacun sa culture » pour devise.

Depuis longtemps, on maintient et cultive la différence, soit volontairement, soit par négligence. Aujourd'hui encore, la différence est au cœur de la plupart des discours sur le devenir du Canada. Or il est très facile d'être différent quand on devient immigrant adulte. Il est bien plus éprouvant et quasi impossible de ne pas l'être. Si chaque pays est une rivière, lorsque nous quittons l'une pour rejoindre l'autre, nous ne sommes plus une simple goutte d'eau, nous sommes transformés en pierres et ne pouvons facilement nous y conformer. On sait très bien que l'intégration de la première et parfois même celle de la seconde génération d'immigrants est douloureuse et, au final, impossible. Pourquoi insiste-t-on alors pour que nous conservions notre différence, que nous demeurions attachés d'une génération à l'autre à nos racines éloignées de nous géographiquement, que nous restions dans « notre » communauté artificielle, qui n'est que le reflet déformé de notre pays d'origine, que le Canada soit « multiculturel » tout en ayant une seule reine et une seule loi ?

C'est qu'il est facile de laisser les *autres* être les *autres,* il est déstabilisant et effrayant d'imaginer que l'autre puisse aussi être nous. Le mot *autre* prononcé par « nous » est froid, il exclut. Le multiculturalisme exprime une intolérance sous forme de tolérance. Les enfants immigrants apprennent à être fiers non pas du Canada, mais de leur culture ancestrale, quand ils n'ont pas une langue maternelle, quand ils n'ont pas, de ce fait, un pays d'origine proprement dit.

Nous en avons donc assez de nous sentir constamment repousser et enfermer dans une Chine que tu connais peu, où je n'habite plus depuis plus de vingt ans, dans une « communauté » inexistante, vu la diversité des immigrants chinois, venus à différentes époques, de différentes régions et dans différentes circonstances. Il me semble également contradictoire de croire aux communautés ethniques alors que les immigrants de notre temps, notamment au Canada où l'on n'entre pas sans cerveau ou sans portefeuille, sont souvent des personnes cultivées et ambitieuses qui connaissent la langue, la culture et le système de leur nouveau pays et n'ont plus besoin de s'accrocher à une « communauté », à un ghetto, pour survivre, pour résoudre un quelconque problème ou pour y cultiver leur « nostalgie », leur « mémoire » douce ou amère, et leur « voix » exotique. Bien au contraire, ils sont frustrés de se sentir mis à l'écart et différenciés du « *mainstream* », comme on l'appelle ici, repoussés à leur point de départ, à une seule culture, à une seule référence.

Il vrai, cependant, que dans une ville comme Vancouver, notre famille passe complètement inaperçue. Cela me plaît. Et comme la population asiatique est importante ici, nous avons plus de chance d'être considérés non pas selon notre race – ce mot est maintenant démodé, il est remplacé par le mot *culture* pour indiquer à peu près la même chose –, mais dans notre diversité et dans notre individualité.

Je ressens une sérénité relative en vivant à Vancouver, même si je perçois toujours mon pays natal avec une triste lucidité, mêlée à un sentiment de trahison qui me peine. Dans cette ville plus ou moins orientale, sur une terre quasi vierge et primitive malgré son économie moderne, côtoyant plus d'amoureux du plein air que de lecteurs, j'ai l'impression d'être là depuis une éternité. L'Asie est proche malgré l'océan qui me semble créer une bonne distance. L'Occident est aux alentours aussi. *Far West* et *Far East* se rejoignent ici. Le lointain semble tout à fait proche, mais j'ai eu besoin de passer par le lointain afin de retrouver le proche, de reconnaître que la définition du lointain et du proche n'est qu'arbitraire. La présence de la mer me détend et me repose, c'est elle la vraie source. Vancouver est un choix facile que j'ai fait sans héroïsme. Cet endroit est un jardin auquel j'ai rêvé depuis mon enfance en lisant les poèmes de mes ancêtres. Un jardin de paix et de solitude. En fin de compte, nous n'appartenons à rien d'autre qu'à nos propres rêves.

La source – un mot que je préfère au mot *racine*, qui implique une qualité trop fixe pour être vraie – et la destination sont deux aspects également profonds de notre existence. Ces dernières années, je ressens l'envie de retourner à la source, peut-être s'agit-il d'une crise de l'âge mûr, peut-être ta naissance et celle de ton frère devaient-elles naturellement provoquer cette pulsion, cette conscience aiguë de ma propre arrivée au monde. Quant à ma prétendue « source », j'ai encore du travail à faire pour pouvoir la définir clairement. Je m'en suis distanciée bien avant mon départ pour le Canada. D'ailleurs la Chine entière se déracine, Shanghai en tête, depuis les guerres de l'opium, depuis le temps des concessions, depuis le mouvement du 4 mai. La modernisation des pays conquis, depuis l'ère de l'industrialisation européenne, a toujours été synonyme d'occidentalisation. Au début du siècle dernier, Shanghai était, en un sens, plus « occidentale » que Vancouver. Aujourd'hui encore, une libraire dans une des dernières librairies qui existent à Vancouver ne sait pas qui est Virginia Woolf. Toi, mon amour, tu ne sais pas qui est Kafka, alors que j'ai pu lire la traduction de son œuvre complète en vivant à Shanghai. J'hésite beaucoup quand il s'agit de prononcer le mot *source* en l'opposant au mot *destination*. La destination et la source sont souvent changeantes, même interchangeables dans certains cas : on n'arrive pas toujours là où on pensait arriver et on ne peut pas mettre une source dans une bouteille étiquetée sans la dénaturer.

Mais la sérénité constitue une menace pour l'écrivain dont l'essence du travail est le questionnement. Il reste cet élément qu'est la langue française et qui constitue pour moi une inquiétude presque pathétique. Je suis en exil dans sa maison même, à quoi s'ajoute l'exil linguistique qu'implique le fait d'habiter à Vancouver. Plus tard, je te parlerai plus longuement de la question des langues insaisissables qui nous affectent tous les deux quotidiennement. Le sentiment d'incertitude est une source de peine, mais aussi de stimulation. Tandis que je suis attachée à la terre, voulant une maison, donnant une descendance, en tant qu'écrivain, je serai en route pour toujours, à la recherche d'un paradis perdu ou impossible, d'un port manqué ou d'un endroit inexistant. Je vivrai toujours ce déchirement entre mon refus d'être définie et mon désir de m'installer une fois pour toutes quelque part sur la planète, entre mon instinct de détachement et l'espoir têtu d'atteindre une destination finale. Je crois que ces deux aspects de ma personne sont également vrais, en tant que mère et écrivain, en tant que membre d'une société et marginale, en tant que citoyenne et individu. Ils se complètent parfois, mais le plus souvent ils se tiennent tête, telles des contradictions insolubles. Être l'*autre* est une expérience douloureuse pour un immigrant, mais un écrivain y voit son véritable destin.

Tout est question de regard, voilà ce dont je veux te parler et ce dont traitent mes livres. Je te montre une photo prise par un ami. Tu la regardes et tu dis qu'il y a un morceau de bois enflammé. Alors que moi je vois un œil immense, sombre, solitaire, un peu maladif peut-être, dans une eau trouble, qui a surgi tout près d'une rive où poussent des fleurs sauvages. D'autres gens verraient sans doute autre chose. L'objet observé, ou le monde devant nous, nous importent peu. À travers l'objet, notre regard nous transporte presque toujours vers ce qui est déjà en nous, vers ce qui nous est déjà familier. C'est une sorte de retour. La plupart du temps, dans la contemplation d'une œuvre d'art, la lecture d'un texte littéraire, l'observation de mœurs différentes et même parfois dans des recherches soi-disant scientifiques, le voyage est superflu, la communication est vaine, la découverte est fausse, car le regard est prisonnier du soi et du familier.

Il n'y a donc aucune raison de se laisser influencer par le regard des *autres,* de donner du pouvoir à ceux qui imposent *leur* loi par *leur* regard. Je sais que cela est difficile, à ton âge où l'on désire ressembler non pas à ses parents, mais à ses amis, où l'on rejette une conformité familière pour adopter une conformité nouvelle.

Mais le défi ne s'arrête pas là. Comment se libérer aussi de soi, comment faire de chaque voyage non pas un retour confortable, un divertissement, une occasion de plus pour se conformer à ses propres inclinations ou à ses idées reçues, mais un vrai départ, un risque, un saut dans le vide, un silence dans notre vie bouillonnante ?

« Je regarde mon visage et mes propriétés et tout, comme une vache fait un train. » C'est une phrase trouvée dans les *Cahiers* de Paul Valéry, lesquels témoignent de la contemplation de l'auteur sur les mouvements de son propre esprit. Son entreprise m'intéresse. L'effort de détachement de ce qu'il appelle le moi pur est, à mon avis, fondamental à la réceptivité du regard. Il nous faudrait une telle préparation avant tout départ vers une destination. Il s'agit de savoir si ce que nous voyons est vraiment ce que nous voyons, et non ce que nous voulons voir, car nos vœux sont dictés par trop de choses qui sont étrangères à l'objet lui-même.

Une telle éducation du regard, un tel travail de « désidentification », en tant qu'adulte, j'en aurais plus besoin que toi, puisque l'identité est moins un héritage qu'une création. Plus j'avance en âge, plus j'accumule d'identités, d'attachements, de connaissances et de convictions. Plus je vieillis, donc, moins je sais regarder. Ce que l'enfant apporte au monde de plus précieux est précisément la fraîcheur de son regard. C'est toi, mon fils, qui souvent m'apprends comment regarder, comment voyager et comment ne pas voyager.

L'enfantement exige l'oubli de soi, le triomphe de l'amour sur la douleur. Quand l'aliénation féodale n'existe plus, l'acte de donner la vie devient un acte gratuit et pur qui ne suit qu'une pulsion intérieure, irraisonnable. L'instinct maternel existe, non seulement je le crois, mais je le sais. Toutes les femmes sont faites pour devenir mères. Il y a une évidence corporelle. Cependant, toutes les femmes n'ont pas la même priorité dans la vie ni le même sens de l'individualité, ni ne disposent des mêmes conditions matérielles, affectives et physiques pour devenir mères et, surtout, pour rester mères pendant dix-huit années et plus. La vie moderne n'aide pas les femmes à devenir mères. C'est un fait dont on ne discute pas assez, tout comme la réalité crue du racisme qu'on remarque dans les écoles, que des enfants imposent à d'autres enfants, mais sur lequel on se tait. Les femmes qui se sentent coupables d'être des mères en détresse doivent se taire, à l'instar des enfants qui n'osent pas avouer être victimes de racisme, car les uns comme les autres savent que la liberté d'expression tant vantée les plongerait davantage dans une position de faiblesse. Car c'est à eux qu'incombe le fardeau de la preuve.

Je voulais te dire que, par ta venue au monde, j'en apprends encore plus sur l'existence d'une certaine dimension de la vie, qui se situe au-delà des mots et de l'intelligence. C'est souvent dans la chute que nous apprenons davantage à vivre. Ton existence et celle de ton frère pourraient m'aider à me rappeler, sinon à retrouver, ce que chaque enfant possède en lui : cet étrange mélange de sensibilité et de détachement.

Notre marche est plus lente quand la marée est basse. Toutes sortes d'éléments et de matières sont à découvert, distraient notre regard et entravent nos pas. Les coquillages, les cadavres de crabes, les algues et les morceaux de bois s'étalent pêle-mêle parmi les cailloux et les rochers de formes variées. Tes pas sont hésitants, tu as une expression d'étonnement et de dégoût. Il y a là un riche mélange de couleurs, de textures et d'odeurs, qui n'est perceptible que de près. Vue de loin, la rive paraît à peine plus sablonneuse que d'habitude, et la mer n'est guère différente des autres jours.

En nous approchant de la mer dans ces moments de « désolation », nous y découvrons une autre réalité. Une multitude de vies sous-marines, désordonnées et impures, est contenue sous l'apparence immédiate, qui donne à voir et à sentir seulement une étendue d'eau, le reflet et la chaleur du soleil, le vent et les mouvements des vagues. Nous aimons la mer non pas pour ce qu'elle recouvre, pour ce qui se remue sous la surface, ce qui y vit et meurt, mais pour son aspect aérien, sa qualité d'être « au-dessus », sa permanence.

Je suis heureuse que tu saches déjà apprécier les crépuscules. Nous allons à la mer un peu comme si nous sortions d'une cité souterraine, comme si nous quittions momentanément la vie quotidienne pour respirer, pour nous mettre un peu « au-dessus », pour le haut et le large.

Or nous nous rendons compte que cet « au-delà », cette beauté stérile de la mer ne tardera pas à nous ennuyer, à nous engourdir et parfois à nous rendre incapables de retourner dans notre quotidien et d'apprécier nos semblables, même si nous cultivons en nous la bonté et la compassion envers tous les êtres. Notre promenade dure plus longtemps quand la mer recule, car tu y fais sans arrêt des découvertes, des plus étranges aux plus merveilleuses. Ce que les vagues apportent jusqu'à la plage n'est que la trace de vies passées et mortes, de beautés imparfaites ou transformées, de corps vaincus et devenus matière. Cette vue nous procure un aperçu de l'histoire, et nous sommes émus par cette preuve de faiblesse, d'impermanence, de mortalité.

Je t'ai raconté l'accident qui a menacé ta venue au monde. J'ai tout fait, c'est-à-dire que je me suis immobilisée à tout prix, pour que tu puisses survivre et naître. Je n'ai pas hésité une seule seconde à devenir mère, consciente néanmoins que cet acte m'éloignerait d'une vie calme, sans attaches, purement artistique ou spirituelle, et me plongerait dans une existence éprouvante, pleine de bruits, luttes, sueurs et larmes, une existence trop proche du romanesque et de l'animosité, qui mettrait à nu toutes mes vulnérabilités et éveillerait tous les démons tapis en moi. Le choix de devenir mère était, quoique sous une forme moins grandiose, pareil au choix d'Ulysse, qui a opté pour une existence ordinaire plutôt que pour une vie d'aventures. La décision d'enfanter dans notre époque libre et individualiste serait dictée par le respect de l'instinct et de la nature, par l'acceptation de la vie ici-bas, par une humilité devant celle-ci et par une confiance dans l'humanité, même si sans cesse remise en question. Car autant l'humanité commettrait une erreur fatale en ignorant la nature environnante, autant il serait grotesque d'idéaliser la nature et de l'opposer à l'humanité. L'homme n'est pas une « erreur » de la création. Il *est* ce qu'il est, ni plus ni moins que les créatures que nous pouvons observer sur une plage sèche.

Avant ta naissance et celle de ton frère, le roman était pour moi un prétexte pour exprimer une certaine vision du monde. Je tentais de regarder la vie tapageuse qui se déroule autour de moi, ou de décrire la vie passée comme on décrit un bord de mer. Mais le roman ne peut pas avancer qu'à l'aide de visions. Une mère ne peut pas élever un enfant qu'à l'aide de prières. Pour écrire et pour devenir mère, il faut un engagement bien plus fort, il faut « faire le grand saut » et risquer ce qu'il y a de plus précieux pour soi, voire ces deux trésors : la paix extérieure et intérieure. Il s'agit de « vivre » au sens le plus concret et le plus radical du mot : entrer dans une promiscuité extrême avec un autre être et écrire sans paix.

La question raciale, par exemple, je l'aurais ignorée si je n'étais pas mère, tout comme je passerais devant des querelles de rue sans prendre la peine de tourner la tête, non pas indifférente, mais avare de mon temps et de mon énergie.

Aujourd'hui, je considère l'écriture essentiellement comme une manière d'être individuelle. Une manière assez bruyante d'ailleurs, et sans prétention ni espérance d'arriver quelque part, de conclure quoi que ce soit. Mes romans, qui sont des monologues pour la plupart, se contentent d'explorer les ténèbres et de décrire les combats intérieurs d'êtres qui essaient, sans grand succès, d'intégrer une expérience silencieuse à la vie mortelle, à l'excitation et au bouillonnement, par exemple à l'accompagnement des enfants.

En devenant mère et en fondant un foyer, je me suis rangée du côté des cadavres maritimes, en partageant leur misère et leur faille, en essayant d'y déchiffrer un sens, d'y capter une lumière. Je me suis aussi rangée près de toi et de ton frère, de mes futurs petits enfants s'il y en a, du côté de tous les enfants du monde, du côté de toutes les villes, habitées ou abandonnées. Je veux être avec toi. C'est à cause de leurs attachements à ce monde, semble-t-il, que des bouddhas ont été retenus des siècles durant dans la mer amère, loin du nirvana.

Alors, de loin j'admire le sublime coucher du soleil sur les ondes, en admettant leur charme et leur allégresse, et de près, chargée des tâches les plus basiques, je te regarde grandir, t'imaginant déjà séparé de moi par la poussière de ta future route, en attendant mon heure, en attendant que l'eau vienne m'emporter. Et je suis profondément sûre que mon œuvre la plus authentique, la plus éphémère aussi, la fiction qui compte vraiment, la seule poésie possible à mes yeux et ce qui m'émouvra en fin de compte, ne sera rien d'autre qu'une image de toi.

Il fait beau à nouveau, après quelques jours de pluie. Plusieurs de nos voisins se remettent à réparer ou rénover leur maison, recommencent cette activité qui me paraît interminable depuis que j'habite le quartier. Les bruits de marteau et de scie s'élèvent joyeusement de partout, vibrent dans la lumière éblouissante de cette belle matinée d'été qui appelle à l'action. Je ferme toutes les fenêtres, tire le rideau dans mon bureau, sors mes bouchons d'oreilles. Je sais que cela ne peut aider. Il me faut une chambre sous terre. Au bout d'un moment, je décide de ne plus résister, de ne plus lutter, mais de laisser le monde venir à moi, de me laisser porter ou emporter par le concert environnant, le concert qui triomphe, le concert qui triomphe depuis toujours à la surface. C'est alors que je crois retrouver le silence.

 J'ai vécu à Shanghai, j'ai passé beaucoup de temps à Montréal, Paris et Vancouver. Les mêmes bruits de marteau et de scie. Je me souviens d'avoir répété ce geste partout, celui de fermer les fenêtres et de tirer les rideaux en plein jour. Je me rends compte tout à coup que, dans ma vie, je n'ai véritablement vécu que dans un espace comme celui-ci, comme ce simple bureau en désordre, cette pièce grise où j'entends le monde sans le voir. Cette pièce ressemble à un tunnel bien relié à l'extérieur et pourtant à l'écart. Quelquefois un train passe, s'en va d'un endroit à un autre. Le destin d'un tunnel est de rester à distance, tout en accueillant tout le monde, mais il ne part jamais nulle part, car il ne le peut pas.

Je t'en parle parce que le sujet de la migration occupe encore notre esprit assez souvent, même si nous sommes bien installés là où nous sommes depuis de longues années. Tu es projeté dans cette errance que tu n'as pas choisie, que j'ai seule commencée. Je veux te montrer qu'il n'y a pas que de mauvais côtés à cette situation, que toutes les expériences de cette vie nous nourrissent.

La migration et l'écriture sont pour moi une seule et même expérience : descendre dans un tunnel en espérant effectuer une traversée, comprendre que, finalement, il n'y aura pas de traversée, que le tunnel est déjà la destination, que ma vie entière s'écoulera ici. Dès le départ, en tant qu'écrivain et voyageur, je ne savais pas très clairement de quel point précis partir pour arriver à un autre point. Je ne le sais pas mieux aujourd'hui. Dans cette aventure, la première chose que l'écrivain migrant – si nous devons l'appeler ainsi – rencontre de façon sûre et certaine est peut-être bien ce bureau en désordre, ce tunnel ténébreux, un lieu étrange qui n'est pas vraiment un lieu mais qui est absolument immobile, où l'on distingue à peine le jour de la nuit, une arrivée d'un départ. Le voyageur qui écrit, ou l'écrivain qui aime marcher, entre dans ce tunnel et ne sait plus voir ; il perd même parfois sa langue. Il faut alors inventer un regard et une langue. Regarder avec son corps et parler d'une autre voix, peut-être.

Je ne sais plus comment les clous s'enfoncent dans le bois. Je pourrais faire un effort pour l'imaginer et le décrire, mais j'entends les coups de marteau venir de partout, prendre une résonance si grande que j'ai l'impression d'être moi-même clouée, dans cet espace qui ressemble à un tunnel, de ne plus pouvoir ni vouloir bouger en dehors d'un monde perpétuellement rénové. Dans une autre situation, il serait intéressant de se demander comment les clous entrent dans le bois, quelle est l'épaisseur du bois ou quel est le sens de l'opération. Mais les coups que je subis sans les subir sont tels que, pour m'en libérer, je dois me concentrer sur le rythme des chocs, sur mon étourdissement, sur les hallucinations, sur la douleur, sur ce qui pourrait s'élever de la douleur. La précision n'est pas mon fort.

Ce faux voyageur qui ne marche pas, ce faux

écrivain qui ne sait pas décrire ce qui se passe dans son temps, qui n'appartient à aucun monde, qui ne représente aucun peuple, mais qui s'ennuie du soleil et qui rêve du meilleur pour l'humanité, il serait un peu masochiste s'il s'attardait dans le tunnel uniquement pour attendre des coups de marteau et regarder les trains de la vie passer à côté de lui. En réalité, il découvre dans son tunnel deux trésors qu'on trouve rarement à la surface de la terre, à l'époque de l'électricité : le silence et l'obscurité. Ce calme immense qui soutient le vacarme de la construction, tel un océan qui embrasse un continent, tel un parent qui regarde un enfant ; cette obscurité dans laquelle l'esprit s'active, les yeux se reposent, l'âme s'étend.

Grâce à ces deux trésors, l'écrivain du tunnel fonctionne sur deux vitesses. D'une part, il y a l'intervalle des trains qui traversent et le rythme des marteaux qui frappent, lui rappelant qu'il n'est pas tout à fait seul, que, s'il le veut, il peut rejoindre le monde avec facilité en sortant par l'un ou l'autre bout du tunnel, qu'il y a là-haut toujours et partout plein de laideur et de splendeurs à contempler, qu'il y a toujours de quoi écrire, des chemins à suivre. D'autre part, il y a des instants où rien ne se passe, des instants ainsi amplifiés par l'immobilisation du corps, des sens et de la pensée, des instants qui s'écoulent, tantôt comme des gouttes d'eau, tantôt comme un fleuve.

Quand on écrit dans un tunnel, on ne peut résister à la tentation de porter au premier plan la seconde vitesse. Elle est plus proche de la réalité du tunnel, dont l'étroitesse impose l'humilité et le renoncement, où toute action s'annule d'elle-même plus ou moins comme des vagues qui retombent.

Un écrivain migrant est un sédentaire qui s'installe ailleurs, quelqu'un qui se suicide dans l'espoir de renaître, qui descend dans un tunnel sans jamais remonter, qui finit par mourir mais aussi par vivre dans ce non-lieu dont il fait sa maison.

À Tofino, je trouve le paysage dont je rêve : hautes vagues, lourdes pierres, ciel bas, horizon invisible, sauvagerie, fracas, solitude, peur et, en même temps, désir de succomber.

Je me souviens d'avoir vu à peu près cela non loin de Shanghai, de l'autre côté du Pacifique, il y a bientôt trente ans, et d'avoir eu ce même sentiment d'être lancée seule hors du monde, au bout d'un voyage. J'étais dans un bateau d'excursion. On nous avait emmenés jusqu'à l'embouchure du port, là où le fleuve rejoint la mer, pour nous faire entrevoir le large et sentir les « vraies » vagues, avant de retourner aussitôt vers la rive, vers le monde civilisé. La sortie était brève mais, comme j'étais dans un bateau, j'avais l'impression que j'étais dans l'océan et pas seulement devant lui. Le flottement du corps avait entraîné celui de l'esprit, tous mes repères ayant disparu pour un instant. Nous étions à la surface d'une eau déjà profonde. Nous ne voyions même pas de pierres. Pas de végétation non plus. C'était un vide total. Je n'ai jamais voyagé longtemps en bateau. Pourtant, logée au fond de mon esprit, l'image entr'aperçue de ce vide ou de cette immensité se trouve souvent à l'arrière-plan de mon travail.

À Tofino, je retrouve cette atmosphère, mais avec un peu plus de tranquillité, un peu moins de vertige, car je peux poser mes pieds sur la plage, il y a des pierres de grande taille ici et là, et surtout, j'ai grandi et vieilli. Il faut maintenant beaucoup de vent, hélas, beaucoup de souffle, pour faire battre mon cœur.

Je pense justement au battement de ton cœur que j'ai entendu quelques instants avant ta naissance. Je ne peux pas m'empêcher de penser à toi, en écoutant le rythme des vagues, qui donne cette impression de force, de ténacité et, en même temps, d'aveuglement et de précarité. J'ai fait un vœu pour toi et, superstitieusement, je le garderai secret.

Mais j'ai d'autres choses à te dire.

Malgré la pluie et le vent, je marche longuement au bord de la mer, puis je vais me réchauffer dans un restaurant. Par la fenêtre, je contemple des pierres très imposantes par leur taille et leur couleur proche du noir. J'assiste à un spectacle dans lequel les vagues et les pierres s'affrontent. Dans un vacarme grandiose, des éclaboussures couleur crème s'élèvent bien haut et retombent gracieusement en emportant ou en laissant sur la plage des traces de vie marine. Ce sont des instants purs qu'on voudrait capter par un cliché ou une peinture en noir et blanc. Au cours de ce combat involontaire, j'ai ressenti quelque chose de tragique dans la résistance des pierres, elle aussi sans doute involontaire ou seulement apparente. Leur forme dépend du hasard des vents. Elles vivent un processus d'effacement imperceptible, lent mais constant et définitif. Elles me montrent de façon éloquente la fragilité et le caractère illusoire de la matière, notamment de celle qui a une apparence déterminée et durable. Paradoxalement, les vagues vont triompher grâce au fait que, sans forme, sans précision aucune, elles perdent et meurent à tout moment.

Ce que les pierres et les vagues ont en commun, c'est l'instant de leur « rencontre », qui marque leur vie, quelles que soient leur nature et la durée de leur existence individuelle – celui qui se démarque des autres instants.

Par là j'essaie de te dire, mon trésor, que je souhaite alléger tes jeunes épaules de deux choses qui, mine de rien, te hantent : la mort et la vérité. Il faut ôter de l'importance à tout cela. Le paysage de Tofino nous enseigne l'indifférence devant la mort.

La suppression de la vie et de la forme ne devrait plus nous inspirer de sentiments particulièrement dramatiques dès que nous comprenons que, si l'existence est une nécessité, un don ou un désir, la matière – le corps et les choses – est un pur hasard sur lequel nous ne pouvons nous appuyer.

Je considère également la pensée comme une matière, car elle est fortement conditionnée par la constitution du cerveau, la santé mentale ou même l'état général du corps, la situation du monde environnant et la mémoire de ce qui est vécu concrètement et de ce qui est enseigné. Nous accordons du respect à la matière, nous nous y attachons parfois, nous sommes tristes, soucieux ou contents de son état, mais nous sommes conscients que ce qui fait réellement notre vie est bien chaque instant qui vient à nous, comme la vague va à la pierre. La volonté et la conscience de décider nous-mêmes comment vivre chacun des instants que nous avons à vivre, voilà ce qui se trouve au-delà des vicissitudes de la matière.

De même, lorsque nous prononçons le mot *vérité*, nous pensons le plus souvent à une vérité qui a trait à la matière. L'humilité qui nous est imposée en tant qu'êtres de matière nous empêche de concevoir, peut-être contre notre gré, une vérité qui la dépasserait.

Lorsque la matière perd de l'importance pour nous, les vérités qui la concernent s'évanouissent aussi. Je mets ce mot au pluriel, car l'humilité devant la création m'interdit de rechercher ou d'attribuer une vérité unique qui serait liée en permanence à une chose précise. À mes yeux, le paysage de Tofino contient une multitude de vérités changeantes que mon intelligence ne peut pas totalement embrasser. Quand tu dis « c'est la vérité », n'oublie pas que tu as choisi une vérité parmi d'autres. Par exemple, lorsque ton enseignante demande à ta classe de trouver des informations journalistiques et à chacun de résumer l'une des nouvelles, elle a choisi de vous faire découvrir le langage médiatique. Tes copains et toi, vous devez chercher des *nouvelles*. Tu en as choisi une concernant une guerre quelque part dans le monde. Le même jour, le bébé de nos voisins est né en parfaite santé, une plante a été transplantée dans notre jardin et semble s'y trouver bien. Ce sont aussi des nouvelles, mais on ne les trouve pas dans les journaux, elles ne sont pas assez dramatiques ni sensationnelles ou ne pèsent pas assez, pense-t-on, sur la politique et l'économie ni sur les intérêts locaux, et n'ont donc pas de statut médiatique. Puisque tout est question de choix et que les vérités sont relatives, alors choisissons. Je suis convaincue que tu as cette capacité et que tu la développeras davantage en grandissant.

Tu me l'as déjà montrée, cette capacité, le jour où, me voyant triste et soucieuse et sentant intuitivement qu'il s'agissait d'une difficulté que je n'étais pas en mesure de surmonter, tu m'as dit : « Maman, ne pense pas à tout ça, oublie tout ça, pense à moi. Hé, maman, regarde-moi ! » Je suis d'accord. Choisissons les vérités « heureuses ». Faisons-en des vérités souveraines et salvatrices. Cela ne sert à rien de penser au problème de l'obésité quand nous mangeons un bon repas avec appétit, ou de discuter de la pollution « chinoise » quand tes grands-parents, qui n'ont jamais conduit une voiture de leur vie, nous attendent dans ce pays où, aujourd'hui encore, la majorité de la population utilise le vélo et les transports publics et ne prend jamais d'avion.

Nous empoisonnons notre vie en posant notre regard sur des problèmes et des imperfections. Les civilisations connaissent croissances et déclins, et les individus, fortunes et infortunes. Le climat de la planète change depuis la nuit des temps, bien avant l'arrivée des humains. Les vagues de la mer vont et viennent. Le jour se lève et se couche, avec ses ombres et ses lumières. Dans l'ensemble, le monde n'est peut-être ni meilleur ni pire qu'auparavant. La pire pollution pour l'âme reste le pessimisme, les pensées négatives. Si on les laisse nous envahir, elles nous rongent de l'intérieur, nous enlèvent la force d'agir selon nos possibilités et nous tuent bien avant que ne le fassent la mauvaise nourritures et l'air pollué.

Je ne te dévoilerai pas le vœu que j'ai fait pour toi à Tofino, simplement quelques indices : pour qu'il se réalise, se libérer du poids de la matière et reconnaître le caractère multiple de la vérité sont peut-être des conditions importantes.

La revue *Germinal,* un magazine littéraire de Shanghai destiné à la jeunesse, a ouvert ses colonnes à un débat au sujet de la pression exercée actuellement sur les élèves chinois de tout âge, pression qui existe à vrai dire depuis toujours, bien qu'elle ait momentanément disparu pendant la période de la révolution culturelle. Je suis invitée à participer à la discussion, parce que j'ai grandi à Shanghai et que je suis maintenant mère de deux enfants scolarisés au Canada. J'ai noté mes pensées, que je dois partager avec les lecteurs chinois, mais je voudrais surtout te mettre au courant de certaines réalités qui te concernent.

Ma double expérience des modèles éducatifs chinois et canadien ne rend guère mes réponses faciles. Elle m'inspire au contraire, comme au sujet de bien d'autres choses, un très fort sentiment de relativisme et parfois de la peine, provoquée par des malentendus ou les opinions simples et tranchées défendues par ceux qui ont une expérience unique et cohérente dans ce domaine..

Il y a maintenant des concours tout au long de la vie d'un élève shanghaïen. Un enfant de sept ou huit ans va normalement dans l'école de son quartier, mais pourrait aussi passer un concours afin d'entrer dans une bonne école primaire, qui ne se trouve pas nécessairement près de chez lui. Et une bonne école primaire est censée mieux le préparer pour l'école secondaire, qui impose elle aussi un concours d'entrée. Et ainsi de suite. La sélection se fait selon le mérite et non pas selon la loi démographique et économique – nous savons que les meilleures écoles, comme dans presque toutes les grandes villes de tous les pays, se trouvent dans les quartiers privilégiés. Encore faut-il préciser que l'éducation en Chine est tout de même encore une affaire d'État. Les écoles sont encore presque toutes publiques ; les exigences sont cependant élevées, autant, voire plus, que dans les écoles privées du Canada. Le système de concours et de sélection est implanté aux niveaux municipal, régional et, pour les études supérieures, national. Cette pratique me semble profondément traditionnelle : le système Ke Ju, inventé à la fin du VIe siècle sous la dynastie Sui et maintenu jusqu'à la fin de la dynastie Qing au début du XIXe siècle, consistait à recruter, grâce à un concours annuel, les gouverneurs, les hauts fonctionnaires et les chefs militaires, parmi les candidats provenant des quatre coins du pays, quelle que soit leur situation socio-économique. Malgré ses problèmes (quel système n'en a pas?), il était considéré comme très démocratique et progressif pour l'époque féodale.

Les parents d'aujourd'hui, tout comme ceux de l'ancien temps, voient dans les concours et dans les notes de leur enfant une chance (la première, la seconde ou encore l'unique chance) de progresser sur le plan socio-économique ou de maintenir leur rang. Ironiquement, malgré un siècle de révolution, la conscience de la hiérarchie sociale reste aiguë dans la Chine continentale. Et les enfants sont encore considérés comme une incarnation des parents. C'est pourquoi nous les entendons parfois parler des études de leurs enfants plus ardemment que s'il s'agissait de leur propre promotion. Les liens familiaux et intergénérationnels sont encore forts. Certains parents vivent pour et à travers leur enfant, souvent unique. À cela s'ajoute la peur d'une crise économique et du chômage au sein d'une société qui encourage désormais la libre concurrence.

Bref, même si je déplore sincèrement la vie stressante des élèves chinois, j'avoue que je comprends aussi les parents et les professeurs qui les poussent à travailler, car l'enjeu de cette situation les dépasse. D'autant plus qu'à cause de la densité de la population et de son esprit villageois (il ne faut jamais oublier que c'est un pays de paysans, ses villes modernes sont vieilles d'un siècle seulement), la société chinoise est assez conformiste, à sa façon ; il est difficile pour un individu de tracer son propre chemin. Il ne nous suffit pas de demander que les enfants aient moins de pression, moins d'examens, plus de temps libre, plus de joie enfantine. Il nous faudrait examiner en profondeur de nombreux éléments socio-économiques et chercher des solutions concrètes et applicables afin d'éviter tout excès et d'améliorer la qualité de vie des enfants.

Mais en quoi tout cela pourrait-il te concerner, mon enfant ? C'est que ces enfants chinois grandissent en même temps que toi. Ils vivent une enfance différente de la tienne, soit. Ils ont probablement perdu quelque chose, mais ils ont aussi gagné quelque chose. Tout comme toi, n'est-ce pas, en grandissant ici : tu gagnes et tu perds quelque chose. On ne peut jamais tout avoir. Ils n'ont pas complètement perdu leur temps et leur vie à étudier, comme le prouve le fait qu'à leur arrivée au Canada ils disposent d'un excellent niveau scolaire. Les gens d'ici diraient que ces enfants étudient mais ne vivent pas, ils les présumeraient malheureux, sans le moindre équilibre. Nous avons pourtant clairement vu, grâce aux amis immigrants de ton frère et aux familles chinoises que nous connaissons, que ces enfants ne sont pas que des idiots savants ; ils sont sportifs, sociables, modernes d'esprit et compétents en tous points. Ce ne sont plus, encore une fois, des immigrants traditionnels et repliés sur eux-mêmes qui ne trouvent d'autres moyens ni de voies pour se réaliser que dans les études ou les affaires. Ce sont de jeunes êtres extrêmement confiants, ouverts et remplis d'espoir d'égalité. Dans la plupart des pays, certains postes ne sont ouverts qu'aux nationaux. Mais j'ai vu, à Vancouver, des compagnies qui n'ont que des employés venus de l'étranger, d'Asie ou d'Europe. Ceux-ci ont été choisis non pas en raison de leur race, de leur nationalité, de la durée de leur présence sur le territoire canadien, mais pour leurs efforts et leurs compétences. C'est pourquoi je te répète qu'une ville jeune comme Vancouver est faite pour toi.

Tout cela – la surcharge de travail des élèves chinois, leur malheur et leur fortune, les différents systèmes d'éducation, les préjugés et la discrimination qui existent encore et toujours, l'économie mondiale –, je te le décris pour te montrer une réalité à laquelle tu vas devoir faire face : plus tard, quelle que soit ta profession, où que tu ailles habiter, tu auras comme collègues des gens du monde entier. Les enfants chinois d'aujourd'hui, qui ont chaque jour énormément de devoirs dans les matières de base (les langues, les maths, la science, l'histoire), seront tes collègues de demain. Dans cette perspective, je vois un autre excès, un autre déséquilibre, de la négligence même, dans le fait que depuis des années tu rentres à la maison avant 15 h sans devoirs. Ce n'est pas qu'on doive imiter le système chinois. Ce serait impossible. Et tu sais bien, mon trésor, mon petit singe, que je ne voudrais jamais te voir passer tout ton temps à travailler, que les meilleurs moments de ma vie avec toi, c'est quand je te vois t'amuser, courir, grimper et sauter, quand je te vois rentrer à la maison entièrement couvert de terre. D'ailleurs, chaque système est le produit d'un contexte, bien ancré dans la réalité du milieu où il est appliqué, reflétant les préoccupations et les aspirations de ceux qui le vivent. L'existence de tout système, qu'il soit bon ou mauvais, a une raison profonde qu'il faudrait examiner, avant de le juger et de le critiquer. C'est comme un être qui porte sa propre mémoire, qui est mû par les courants particuliers du temps présent et qui ne peut s'empêcher de se projeter dans l'avenir selon sa propre compréhension du monde, oubliant qu'il n'est pas éternel.

Or ce dont je me soucie est simple : une fois le moment venu, celui où tous les enfants de ton âge se mettront à travailler pour un même monde – et ce n'est plus une fantaisie, mais une réalité déjà –, je voudrais que chacun puisse être à la hauteur du défi, devant les mêmes chances et les mêmes épreuves. À quoi bon nous convaincre, nous et nos amis chinois, que le système d'éducation canadien est meilleur que le modèle chinois, que les écoles canadiennes préparent mieux les enfants à l'avenir et à la réalité du XXIe siècle qu'est la grande mouvance des populations et des richesses, et conséquemment la concurrence à l'échelle mondiale ? Nous ne pouvons même pas dire que les enfants canadiens soient plus heureux que les enfants chinois. Par exemple, après avoir joué pendant deux heures de suite à des jeux électroniques, le visage d'un enfant, chinois ou canadien, paraîtrait aussi livide qu'après deux heures d'études.

Il faudrait que je revienne sur la question des langues, qui nous perturbe tous les deux. J'ai tout essayé pour que tu apprennes un peu ta langue maternelle : l'initiation à un jeune âge, d'innombrables cours particuliers, en plus des épisodes sans fin des feuilletons chinois. Ce sont des films très lyriques, bien sûr, faits pour que les spectateurs retiennent leur souffle d'un épisode à l'autre. Malgré le contexte idéologique, qui est toujours là malheureusement quand il s'agit d'histoires modernes, que la plupart des spectateurs ignorent complètement, la prise de vue, le jeu des acteurs, l'habileté de la narration sont bien meilleurs que ce qu'on trouve dans les produits américains du même genre. On y trouve même une certaine subtilité et poésie de temps à autre. Ce qui n'est pas étonnant, parce que ce sont des films fondés sur des romans. On y sent encore la présence du livre et de l'écrivain. Il reste à voir comment le cinéma évoluera en se détachant complètement de l'écrit. En général, je ne regarde pas de films, quel que soit le genre. Je t'ai accompagné voir ces productions chinoises uniquement pour que tu apprennes la langue.

Vivant en dehors de la Chine, tu passes beaucoup plus de temps à parler et entendre d'autres langues que le chinois. Je comprends très bien la difficulté. Je mène un combat quotidien, croyant qu'à ton âge il est encore possible d'apprendre une langue, même étrangère, presque parfaitement. Je suis pourtant prête à céder à tout moment, sachant que les langues ne sont pas faites pour durer : rien dans ce monde n'est fait pour durer. L'expérience de la migration a rendu très claire pour moi la mortalité des choses, alors qu'habituellement on ne la voit pas. Elle a en quelque sorte précipité la mort d'une langue au sein d'une famille, à une vitesse mille fois plus grande qu'à l'échelle d'une nation. Ce processus de déculturation se produit quotidiennement sous mes yeux. Au moment de partir de Shanghai et au moment de ta naissance, j'avais prévu cela, je l'avais compris, mais je ne savais pas que j'en souffrirais autant.

Logiquement, si j'ai bel et bien été capable d'apprendre le français à Shanghai, avant même de voir la France, longtemps avant d'immigrer au Québec, toi aussi tu devrais pouvoir apprendre le chinois sans vivre en Chine. Il y a pourtant une très grande différence : la langue française a toujours été valorisée dans la ville de Shanghai, alors que le chinois ne l'est pas encore à Vancouver, du moins pas dans les écoles que tu as fréquentées jusqu'ici. Aujourd'hui, les habitants de Vancouver commencent à considérer la langue chinoise comme quelque chose d'utile pour les affaires – les Chinois sont de bons commerçants, disent-ils, mais rares sont ceux qui ont une idée de l'immense culture que contient cette langue. À part le fait que le chinois est une langue qui fonctionne différemment de la plupart des langues du monde et que l'effort exigé pour passer du français à l'anglais n'est pas comparable à celui que l'on doit produire pour passer du français au chinois, il existe un grand obstacle social. Il me semble que tu surmonteras plus facilement le premier obstacle que le second.

Quand nous ne pouvons pas changer le monde, c'est le monde qui nous change. Je ne peux pas t'aider, je peux seulement te confier ce que je pense des langues et comment je m'en suis servie jusqu'à présent.

Je suis un être errant, je ne peux pas avoir une idée déterminée de moi-même, du monde et des langues, et je ne peux pas appartenir à une seule culture. Tous ceux qui ont le courage ou l'innocence de se plonger dans une langue dont ils n'ont pas hérité, mais qui apparaît comme un cadeau ou une nécessité au milieu de leur vie, doivent renoncer à jamais à l'idée d'une langue nationale et peuvent en revanche rêver à la totalité des langues, souhaitant que chacune, quelle qu'elle soit, puisse accepter en son sein le monde le plus vaste et l'individu le plus particulier. Lorsqu'on écrit dans une langue tout en lisant les littératures de plusieurs autres langues, la langue d'écriture n'est plus seulement une langue, mais elle devient la langue qui porte toutes les langues. En ce sens, je dirais que, pour écrire, une langue suffit amplement. Dans une même perspective, on pourrait croire que, pour vivre, une maison suffit amplement.

Mais, mon fils, quand on est fier d'une langue ou quand on méprise une autre langue – il est vrai que l'égalité entre les langues, tout comme l'égalité entre toutes choses, n'a jamais existé –, il serait temps d'apprendre plusieurs langues de façon approfondie pour pouvoir justifier sa fierté ou son mépris.

Il y a toujours en moi cette tentation de m'écarter de ce qui se passe actuellement et de m'éloigner des interprétations hâtives. En 1979, en Chine, connaissant les contraintes historiques qui nous étaient imposées, je restais curieuse, je cherchais encore à m'informer, le bruit du monde arrivait jusqu'à moi à une dose qui me convenait encore et me permettait de le scruter, de le filtrer, de l'absorber en paix, à mon rythme et selon mon propre système. Aujourd'hui, l'étourdissante explosion d'informations ressemble, pour emprunter un proverbe chinois, à une rivière agitée dont l'eau trouble aide les pêcheurs et non les poissons. Elle étourdit la foule de spectateurs. Car si la liberté d'expression et l'accès aux données venues de l'extérieur peuvent être sans borne, ce dont je doute parfois, l'homme dans son for intérieur ne l'est pas.

En 1997, un comédien m'a posé la question suivante, avant son premier voyage à Shanghai : « Qu'arrivera-t-il, selon vous, lorsque la Chine, après deux mille ans de fermeture, s'ouvrira enfin au monde ? » Je suis restée coite. Nous étions proches de l'an 2000, plus d'un siècle après les guerres de l'opium, après des réformes successives de la langue chinoise : une nouvelle syntaxe et une nouvelle grammaire promue par le mouvement du 4 mai, des caractères simplifiés appliqués à partir de l'année 1949. C'est même un miracle que l'écriture chinoise soit encore constituée d'idéogrammes, que la langue chinoise reste encore officielle en Chine. Je connais une jeune étudiante née et éduquée à Singapour qui ne sait pas écrire en chinois. Dans les années 1990, les États-Unis ont obtenu de la Chine ce qu'ils n'avaient pas pu exiger avec des armes un demi-siècle auparavant. McDonald's et PFK ont commencé à s'installer dans les quartiers les plus chics de Shanghai. La révolution culturelle semblait déjà appartenir à l'antiquité. La jeune génération chinoise se nourrissait des produits d'Hollywood.

De nouveau, la Chine regardait vers l'Occident, comme elle le faisait un siècle auparavant, mais, cette fois, avec un cynisme mercantile typiquement moderne. L'Occident arrivait en Chine avec les mêmes intentions qu'au XIXe siècle, mais avec plus de civilité. De toute évidence, le comédien n'avait eu ni le temps ni la curiosité intellectuelle de faire quelques heures de lecture sérieuse. Et il n'avait pas non plus l'habitude de s'asseoir simplement et tranquillement dans son coin, chez lui par exemple, pour sentir, à travers sa terre à lui, une terre inconnue que ses pieds allaient frôler, et à travers lui-même, un peuple inconnu qu'il allait croiser. Il était accompagné d'une journaliste qui s'apprêtait à le filmer et, dans l'espace d'une semaine environ, à produire un documentaire destiné au public occidental, que le public chinois désapprouverait très probablement. Pourquoi avait-on choisi ce comédien ? C'est qu'on comptait sur lui pour attirer le public. On espérait que ceux qui le connaissaient iraient voir le film, et ils étaient nombreux, semble-t-il. Il fallait une vedette pour mieux informer les gens. Et cela suffisait à justifier un projet coûtant des milliers de dollars. Une probable résonance. Une contribution à la pollution du monde quand on pense aux ronflements des avions, à l'essence brûlée, mais aussi à l'omniprésence du bruit – au cinéma, à la télévision, sur Internet – et, enfin, à la confusion engendrée dans d'innombrables esprits naïfs.

J'ai été moi-même filmée dans un documentaire, qui reposait sur des convictions qu'il cherchait à prouver. Il y a maintenant une quantité de documentaires similaires qui circulent dans le monde et fournissent de l'information boiteuse, superficielle, sans aperçu historique et truffée de préjugés.

La liberté d'expression sans la responsabilité de la parole est une absurdité. L'accès à l'information n'a pas de sens si l'homme n'est pas spirituellement et émotionnellement ouvert à l'inconnu, s'il ne cherche à voir que ce qu'il veut voir, à ne connaître que ce qui lui confirme ses croyances.

Du primaire au secondaire, j'étais parmi les meilleurs élèves en chinois. À dix-huit ans, je rêvais d'entrer au Département de chinois de l'Université Fu Dan, pour devenir écrivain et même, sans modestie ni sagesse, une auteure classique de la littérature chinoise. Presque trente ans se sont écoulés, ce rêve est resté rêve à cause notamment de deux faiblesses : ma peur de la vitesse et ma lassitude à l'égard du vaste monde. Cela s'est traduit par de mauvaises notes dans deux matières importantes du concours national de 1979 : le chinois et la géographie.

L'examen de chinois comportait de multiples épreuves – vocabulaire, grammaire, syntaxe, etc. – et, surtout, une composition rapide sur un sujet inconnu. J'ai été prise de panique devant ce sujet dont je ne me souviens plus maintenant, mais qui me paraissait déroutant à l'époque, car on pouvait le traiter de plusieurs manières. Devant la page blanche et les aiguilles de l'horloge accrochée au mur, j'ai finalement écrit quelques lignes, sans doute stupides, juste pour remplir la feuille. Quant à la géographie, la partie était perdue d'avance, car je ne savais jamais trop où se situait telle rivière, ni quel nom portait tel endroit, ni comment se mesuraient les limites d'un territoire. J'avais fait de mon mieux pour ces informations, mais sans vraie compréhension ni certitude.

En vieillissant, mes deux faiblesses essentielles – un problème avec le temps et avec l'espace en quelque sorte – ne font que s'aggraver. Au volant d'une voiture, il m'est impossible de chercher le nom de rues inconnues sans risquer ma vie. Et je deviens bête lorsqu'on m'interviewe rapidement, qu'on attend de moi une réponse en deux minutes, et parfois pire, en quelques secondes, à une question à laquelle il faudrait toute une vie pour répondre – ou même un ou deux siècles. Je m'effondre sous la pression de la vitesse, de l'immédiateté. Il faudrait au moins un roman pour rendre justice à chaque incident du monde, à chaque émotion de l'être, à chaque objet observé et contemplé, pour s'approcher tant bien que mal de leur vérité jamais certaine et toujours étonnante.

La géographie reste une source de frustration continuelle pour moi, surtout depuis que j'ai quitté Shanghai pour vivre ailleurs, que je suis plus que jamais exposée au décalage. Lorsque je participe à des discussions de part et d'autre des océans, je vois que tout – le temps, le lieu, les opinions, les sentiments, les interprétations des faits – est décalé de manière vertigineuse. Pourtant, rien n'est vraiment insurmontable quand on commence à penser en termes historiques, car le véritable obstacle à la communication entre les cultures n'est autre chose que celui du temps. Je dis à des amis occidentaux : parlons de l'Occident, parlons de l'Europe, parlons de l'Amérique. Je crois que je peux les suivre, non pas parfaitement mais approximativement, parce que j'ai mis des années, avec la lenteur qui m'est propre, à traverser le Pacifique et l'Atlantique, avec l'aide des traductions d'abord et en apprenant des langues ensuite. Même si, à cause de ma lenteur, cette traversée ne sera jamais accomplie, et que je devrai sans cesse la questionner et continuer à transpirer en route. Mais je supplie toujours les gens : ne parlez pas de la Chine avec moi avant d'avoir fait une traversée semblable, en sens inverse. Les traducteurs font un travail important pour faciliter cette tâche. Et il n'y pas que les livres. La traversée peut s'entreprendre de diverses façons. On pourrait monter dans un avion, chercher des témoignages ou lire de longues analyses. Mais la plus efficace, la plus profonde, serait une traversée effectuée en soi. C'est par notre intérieur, avec notre connaissance et notre intuition de la nature humaine, à la fois grandiose et désastreuse, des lois terrestres essentiellement animales, et avec notre compassion, qu'elle soit chrétienne ou bouddhique, que nous pourrions espérer nous approcher de l'*autre*. En ce sens, Kongzi dit : « Le gentilhomme connaît le monde sans avoir à enjamber le seuil de sa maison. » La traversée se ferait mieux dans la solitude, dans la générosité et dans l'humilité. Ne parlons donc pas trop vite et trop bruyamment de cette Chine immense géographiquement et historiquement. De ce pays où des régions sont encore extrêmement diverses sur le plan économique et linguistique. Ce pays dont on ne peut surtout pas cerner la réalité en s'appuyant sur des généralités, des redites et de l'information de seconde main vite recueillie. Ce pays qui change de visage d'un jour à l'autre tout en restant indiciblement immobile. Ce pays dont le passé est infiniment complexe et le devenir, incertain. Ni moi ni personne ne peut honnêtement et sans ridicule prétendre l'incarner ou le représenter dans notre vie si courte et si restreinte.

Pendant les années qui ont suivi la révolution culturelle, lorsque faire des études supérieures était à nouveau possible en Chine, on entendait souvent parler de jeunes élèves s'évanouissant dans les salles de concours, tant la pression de l'entourage était forte, tant l'enjeu semblait grand pour l'avenir des candidats et la compétition, féroce. Mon drame – le fait de ne pas pouvoir étudier au Département de chinois – ne paraissait tragique à personne d'autre qu'à moi, puisque, malgré mes résultats médiocres en chinois et catastrophiques en géographie, j'avais accumulé assez de points pour pouvoir, faute de mieux, me mettre aisément à l'étude des langues étrangères, notamment du français. « Aisément », c'est beaucoup dire, quand il s'agissait d'apprendre, à dix-huit ans et dans une atmosphère artificielle, une nouvelle langue, si différente du chinois. Mais pour beaucoup, j'ai été « aisément » enfermée dans une tour d'ivoire qu'est le campus de Fu Dan.

Cette tour d'ivoire avait une porte arrière. C'est précisément à cette époque que, mentalement, je suis partie de là où j'étais, que j'ai laissé le temps qui m'abritait et le lieu où j'ai grandi. Le monde était soudainement devenu vaste et sans appui, le temps était devenu pluriel et incommensurable. La Chine et l'Occident me semblaient deux trains partant d'endroits différents, roulant à des vitesses incomparables, suivant des trajets divergents, mais transportant néanmoins une foule nourrie d'aspirations semblables. J'étais attristée par le spectacle vain des jugements et des présomptions qu'on se jetait par la fenêtre d'un train à l'autre. Je pensais que si les trains pouvaient s'arrêter un moment, si les passagers pouvaient tous descendre et échanger leur place, avant de reprendre un voyage qui désormais changerait de nature puisqu'ils se seraient tous mis dans la peau des *autres,* dans la condition des *autres,* et même dans le passé et le futur des *autres,* ils parleraient des *autres,* qui ne seraient plus les *autres,* avec plus de prudence et peut-être un peu de solidarité. Le monde serait alors plus calme.

La paix sera-t-elle vraiment plus complète lorsqu'une seule et même vitesse, par exemple celle d'Internet, finira par s'imposer à tous les trains de ce monde ? Si cela se produit, il faudra attendre peut-être vingt ans, ou un siècle. Il faudra aussi examiner les trains et leurs particularités. Et même lorsque la technologie fera disparaître les trains et que l'homme se mettra à circuler d'une étoile à l'autre à la vitesse d'une fusée, il y aura toujours du tumulte au Tibet ou ailleurs.

Je me retrouve seule sur place, c'est-à-dire nulle part, dans aucun train, dans aucun temps, sans territoire, hors de l'histoire, car l'histoire concerne la destinée de la race, de l'espèce, de la collectivité, et elle s'intéresse seulement aux individus qui veulent porter cette destinée sur leurs épaules. J'ai parfois l'impression de recevoir au hasard toutes les flèches de tous les trains qui passent, des flèches qui ne m'étaient même pas destinées tellement je suis devenue minuscule et j'ai été réduite à une lenteur primitive, en quittant un train sans en attraper un autre. Il n'empêche que je peux tout de même sentir la douleur qu'infligent les flèches de toutes provenances.

Pendant une réunion à Shanghai, la proclamation d'un lettré chinois pour une littérature nationale m'a fait rougir de ne pas écrire dans ma langue maternelle, a provoqué en moi un malaise pendant plusieurs jours.

Ces flèches me font écrire. Je tente de peindre ma douleur, supposant qu'elle est aussi celle d'une partie de l'humanité qui n'est plus dans un train quelconque, par choix ou par la force des choses. Maintenant, loin de tous les trains, je dois marcher, comme dans mon enfance privée de voiture, de télévision et d'ordinateur. J'entends la musique de toutes les langues lorsque les trains s'éloignent dans le brouhaha, lorsque le silence revient. Il n'est plus question ni du temps ni du lieu. Il n'y en a plus. Il n'y en a jamais eu. Dans cette condition, écrire, c'est marcher seul sans désarroi et même avec contentement, en croyant que la vitesse n'est pas tout, et en espérant aussi voir en route, n'importe où, que ce soit en Chine ou en Occident, ce qu'on ne voit pas lorsqu'on s'installe aisément dans un seul train ou dans une seule fusée.

Un écrivain est appelé par un besoin impérieux, celui d'entrer sans tarder au plus intime de lui-même, de retourner au plus profond de ses expériences et de ses rêves, de comprendre l'humanité dans son histoire, mais aussi hors de l'histoire, accompagné et aidé par la langue dans laquelle il s'exprime. Il est au milieu de la langue et, en même temps, en dehors d'elle.

Tu sais combien je parle mal français, cela est presque impensable quand on est considéré comme un auteur d'expression française. On peut tout de suite reconnaître, dans un texte issu de la main d'un étranger, « quelque chose de traduit ». Dès qu'il s'agit de traduction, des discussions soulèvent le problème de la fidélité et de la trahison, de l'authenticité et de la fausseté, de l'unicité, de l'incompatibilité et parfois de l'inégalité des langues. On perçoit tout de suite une évidente étrangeté, un écart indicible de la normalité, dans l'usage des mots et dans la façon de composer les phrases.

Lors d'un séjour à Paris, nous avons visité une exposition d'un peintre hongrois. Il a eu l'idée de chiffonner la toile avant de peindre, et il a inventé un univers décousu. Je crois qu'écrire en français pour moi est comme poser des couleurs et tracer des traits sur des pages chiffonnées.

J'ai une peur innée de la hauteur et de la vitesse, je ne peux donc pas m'imaginer descendre en ski jusqu'au pied de la montagne ou patiner sur la glace aveuglante. Écrire en français, dans une langue dont j'ai appris les rudiments à dix-huit ans en Chine, une langue si peu similaire au chinois, une langue dans laquelle je ne vis pas quotidiennement, une langue qui exige de moi un éternel apprentissage, c'est pour moi comme sauter en ski par-dessus des rochers. J'écris avec vertige et étourdissement. Dans l'expérience de la migration, la difficulté linguistique est une des plus essentielles. Cette difficulté, comme toutes les difficultés profondes, est en soi une source d'inspiration.

Écrire dans une langue seconde, c'est la rendre moins seconde, moins étrangère, lui accorder, avec confiance et amour, avec exigence et labeur, le rôle de témoigner de notre existence, actuelle ou lointaine, bien qu'elle semble avoir peu de lien avec elle. Et cette langue finit par devenir une de nos réalités les plus importantes. Car, comme l'écrit Rilke, la difficulté doit nous accompagner dans notre descente intérieure et ensuite remonter avec un visage nouveau, déjà intégrée à notre être. Le processus de cet apprivoisement est d'une complexité extrême, au-delà de ce que nous pouvons imaginer, presque indescriptible, surtout lorsque l'influence de la langue première est forte et omniprésente, que les deux langues semblent se juxtaposer ou se confondre pour renaître en une seule.

Comment donner forme, dans une langue aussi formelle, me semble-t-il, que le français, à des choses qui n'ont pas encore de forme, qui n'ont pas encore de nom au moment de l'écriture, et qui n'en auront peut-être jamais ? Mes romans écrits après 1995 sont presque sans sujet, et mes personnages, presque inexistants. Ce sont des récits qui traitent non pas de l'agitation du monde, mais de son écho, non pas des constructions, mais de leur ombre. Cet écho et cette ombre peuvent constituer une réalité toute autre. La tentative de saisir cette réalité autre est inscrite dans une très vieille croyance, un peu bouddhique, un peu « chinoise », où notre passage au monde est perçu comme une fiction, un rêve, une illusion.

L'écriture de ces récits fantomatiques dans la langue française est une expérimentation intéressante, ne serait-ce que linguistiquement. D'abord, la temporalité, ou plutôt la non-temporalité, est hautement difficile à traiter. Puis, il y a un équilibre à trouver entre l'économie et l'abondance. Comment apprendre à dire une chose de la manière la plus riche et la plus nuancée possible, à la française ? Comment au contraire suggérer beaucoup de choses en peu de phrases, ou entre les lignes, comme le font les poètes chinois de l'ancien temps ? Je suis sous l'influence d'une langue primitive : le chinois classique, dont chaque mot assume des fonctions multiples, offre des sens variés. Le chinois moderne semble se trouver à mi-chemin entre l'extrême économie de la langue classique et ce monument parfois baroque qu'est le français. L'Orient et L'Occident semblent chacun à sa manière chercher des solutions pour se réunir dans ce projet littéraire qui serait de décrire l'indescriptible. Dans un tel projet, mon imaginaire ne peut plus être seulement chinois, le français ne peut plus être seulement un outil. Il devient un espace qui soutient la fusion des images et des impressions aussi éloignées qu'elles puissent paraître les unes des autres.

Il s'agit d'un espace très modulable où *L'Étranger* cohabite aisément avec *À la recherche du temps perdu*, où les noms de Beckett et de Ionesco peuvent entrer et demeurer non pas comme des envahisseurs ou des décors exotiques ou des ambassadeurs culturels ou des marionnettes des politiques linguistiques, mais comme parties intégrantes du paysage, comme des cas ni plus ni moins singuliers que d'autres, ceux de Sarraute ou de Duras par exemple, comme une évidence qui révèle la nature des langues de toutes les origines et de tous les temps, à savoir leur fixation dans le mouvement.

Pour celui qui écrit dans une langue en particulier, cette langue est aussi un espace intérieur. Elle devient l'air qu'il respire, la source à laquelle il boit, l'habit qu'il porte, la maison qu'il habite. Cette langue n'est pas un but ni un moyen ni une solution, elle est la vie elle-même. Elle est là, devant nous et en nous, et nous ne nous demandons pas pourquoi, pas plus que nous ne nous demandons pourquoi telle ou telle chose nous arrive dans la vie. Nous ouvrons nos bras à *tout* ce qui nous arrive tels un cadeau du ciel ou une épreuve nécessaire, pour le meilleur et pour le pire, avec humilité et gratitude, avec le désir de rendre la pareille, de faire du bien.

Paul Valéry écrit : « L'esprit en activité […] part de n'importe quoi et va à n'importe quoi, ne s'intéressant qu'à sa marche qui est indépendante du sujet. » La langue française est une maison que j'ai aperçue sur mon chemin à l'âge de dix-huit ans. Cette maison est peuplée de grands esprits tels Valéry, Camus, Proust. J'ai continué ma route par la suite, sachant que désormais j'avais une maison de plus dans ma vie. Dans mon voyage sans destination, cette maison est une source que je porte en moi, une source qui me nourrit et que je ne quitte pas.

Finalement, il n'est plus très important que tu apprennes le chinois ou non, que j'écrive en français ou en chinois. D'ailleurs je ne te demande pas de faire le trajet inverse et de vivre les déchirements que j'ai connus. Je souhaite simplement que tu apprennes une langue de plus quand l'âge le facilite, que tu puisses un jour goûter l'indicible beauté de la poésie chinoise ancienne, qui est difficilement traduisible – cette poésie d'autrefois sera définitivement morte le jour où elle n'aura plus de lecteurs –, que tu sois exposé à un autre système, à d'autres vérités, en même temps que le système et les vérités qui te sont familiers, que tu acquières ainsi une souplesse, une étendue et une générosité de regard et de cœur qui te mèneront vers une vérité plus complète et plus juste.

Je ne veux surtout pas que surgisse entre nous le prétendu conflit des générations et des cultures. Et s'il y en a un, j'en ferai abstraction, car il ne nous reste pas assez de temps dans cette vie pour nous aimer. Je laisserai tomber tout le reste, tout ce qui n'est pas strictement essentiel entre nous. Il n'y a pas de principe plus grand que l'amour.

D'ailleurs, comme tu le sais déjà et comme je le répète, je mène une vie volontairement privée de repères clairs et d'une destination précise, cela rend toute comparaison difficile. Ce qui résulte de cette vie n'est rien d'autre que des impressions du moment : le soleil monte, le soleil se couche ; la pluie tombe, la pluie s'arrête ; des bâtiments s'élèvent, des bâtiments s'écroulent ; une femme enceinte entre dans une boutique ; une ambulance arrive devant une magnifique maison… Rien d'autre à dire, à écrire. Il n'y a pas de sujet. Il n'y a que des impressions. Les douleurs sont aussi des impressions. Je suis convaincue d'ailleurs que le moi qui écrit des romans n'est pas le moi qui en parle. Mes romans pourraient aborder des sujets divers – la maladie, la mort, le dépaysement, l'histoire, la critique sociale, la condition des femmes et tant d'autres choses encore qui seraient probablement utiles au monde –, mais l'intention de ces romans est ailleurs. Leur intention est dans l'écriture. Ils visent une exploration du langage dans sa subtilité instable. Le langage occupe le centre de la scène. Pour moi, c'est tout, c'est la raison d'être de la littérature. L'apprentissage approfondi des langues nous appelle non pas à les comparer, mais à porter notre attention sur le langage, qui n'est guère différent d'une langue à l'autre. Dans le langage, au fond de ce puits aussi vieux et en même temps aussi jeune que l'humanité, se trouve un concentré de soi et de collectif, du passé et du présent.

La littérature nous déracine. Et la marginalisation est nécessaire pour le développement d'un art et d'un individu. Importante est la capacité de sentir profondément une langue, une seule et n'importe laquelle. L'apprentissage des autres langues nous enrichit, mais le fondement des langues est le même.

Je m'apprête à me résigner à ne rien expliquer, à ne plus tenter de comprendre ou de convaincre, mais à laisser faire la vie, laisser vivre les langues seules ou entremêlées, les accepter telles qu'elles nous parviennent, agissent sur nous ou se transforment en nous, l'une après l'autre ou en même temps, avec des règles ou sous une forme diffuse.

Nous préférons simplement écouter nos doigts sur le clavier, contempler ce qui apparaît sur notre écran, avec vigilance et avec gratitude envers toutes les langues qui nous portent et envers chacune des difficultés qui nous nourrissent.

Rilke écrit : « Entre en toi-même et bâtis ta difficulté [...], alors un jour Dieu entrera dans ta difficulté lorsqu'elle sera achevée. » La difficulté extrême semble être au centre de la pensée de Rilke. Cette année, je n'ai pas eu le temps de regarder les Jeux olympiques avec toi. Il m'arrive de pleurer en regardant du sport. J'essaie d'éviter ce type d'excitation, mais j'y vois le courage devant des difficultés extrêmes et le dépassement des limites humaines, et j'en suis émue. L'art, l'amour, la vie, tout cela n'est guère moins difficile que le sport, c'est pourquoi tout cela a un sens. Les difficultés nous façonnent, nous enseignent la patience et l'humilité, nous rendent sensibles à notre nature, à nos limites, nous préparent à une élévation probable. Nous sommes marqués par notre naissance toujours difficile, nous nous souvenons de notre pénible mûrissement et nous nous préparons à affronter notre mort.

J'ai écrit plusieurs romans où la même narratrice meurt et revient à la vie. Je voulais décrire une succession d'impressions et de troubles provenant de cette errance cosmique, ce qui m'a amenée à raconter incessamment des heures d'agonie et le travail de la mort à l'intérieur d'un corps. La maladie et la mort, je ne peux pas les aborder séparément, la mort étant semée au moment même où la vie se forme tandis que la maladie est, en fait, une mort partielle et progressive du corps. Celle-ci d'ailleurs ne tarde pas à indiquer la condition même dans laquelle nous recevons la vie, à trahir l'illusion de la guérison, à annoncer déjà une fin, imminente ou lointaine. Le corps, comme l'individu, la collectivité, l'espèce et toute chose vivante dans ce monde, est destiné à perdre sa forme, son intégrité et son éclat, à devenir poussière. C'est la résistance à cette loi qui cause de la douleur et le besoin de normes, de codes et d'identités.

Et puis, la langue n'est pas tout.

Depuis un temps déjà, je suis à la recherche d'une forme d'expression, littéraire ou autre, mais sans doute non romanesque, qui puisse m'aider à trouver calme et aplomb dans le tourbillon des mots et des événements de la vie. Mes récents romans, avec leur absence de références temporelles et spatiales, reflètent cette tentative de distanciation. Il serait inexact de confondre cela avec ce qu'on pourrait aisément qualifier d'universalisation. En fait, je n'ai jamais très bien compris ce mot, qui me paraît étrangement fade : l'universel est néant sans le particulier, et le particulier, quel qu'il soit, fait naturellement partie de l'universel.

La distanciation n'est autre chose pour moi que le souhait de raconter sans expliquer, d'explorer quelque chose à mi-chemin entre imagination et réalité, entre pensée et sensation. Je me souviens vaguement que Nathalie Sarraute, dans une de ses dernières interviews enregistrées, a fini par répondre qu'après avoir écrit ce qu'elle a écrit elle n'a plus rien à dire, absolument rien. Je partage ce désir de silence.

Or le roman est avant tout un genre engagé, dans le sens où, même si la pensée en sera ultimement détachée, l'écriture procède de façon « attachée », l'écrivain doit se mettre « dedans » pour raconter et décrire. Je crois que la mission première et la raison d'être du roman est de décrire le destin humain, de tracer en détail le chemin, quel qu'il soit, que parcourent un ou des êtres particuliers. Le roman est un genre mouvant, sinon tumultueux. Il raconte. Le jour où il se détache de cela, de la mouvance et du récit, le roman change de nature et devient autre chose. Ainsi, malgré mon désir de me tenir « dehors », tous mes livres, sans exception, sont écrits avec un profond engagement social et émotionnel, et avec tant de sérieux que je me sens fragilisée par l'exercice de l'écriture. Aussi longtemps que j'écris des romans, je m'engage.

Certains romans classiques ont voulu faire de ce genre une expérience de contemplation. C'est le cas du *Rêve dans le pavillon rouge,* œuvre qui raconte et assimile les vicissitudes les plus bruyantes et parfois les plus pénibles avant le grand calme final, avant l'ultime détachement de l'auteur et des personnages. Le roman moderne, de son côté, semble ne plus pouvoir ou vouloir se terminer, il prolonge à l'infini chez celui qui écrit et celui qui lit une humeur inquiète, malheureuse et tristement lucide. Le roman est devenu un genre tourmenté. Il méprise les procédés anciens, il a voulu se moderniser au moment où l'humanité passait à l'audiovisuel avec une rapidité stupéfiante, en moins de deux générations. Le roman, face à sa possible disparition, risque que court l'ensemble des écrits humains, se met au service de ce qui le remplace, comme la caméra, au lieu de remonter à sa source pour se nourrir, pour renaître.

Au même moment, ou presque, que ma découverte de l'aquarelle (j'ai suivi des cours à Paris et je pense m'y remettre dès que ton frère et toi serez plus indépendants) et ma réconciliation avec la calligraphie, qui dans mon enfance m'a vraiment ennuyée, je suis séduite par la possibilité qu'offre le haïku de concentrer la vie en un instant bref, en quelques mots, sans pensée ou presque, sans imagination même, mais avec l'engagement total du corps et de l'esprit, et de faire sentir ce qui entoure cet instant, sans besoin de récit. Sans doute suis-je aussi attirée par ce qui m'est familier, car les haïkus que j'ai lus me rappellent des poèmes chinois anciens aux règles différentes, mais au style semblable.

Mes poèmes sont proches du haïku, mais de forme libre et sans ambition spirituelle. Ils sont écrits dans un intervalle entre les « bruits » romanesques, dans une tentative de les compenser, de les neutraliser ou de les relativiser, ou encore de les suspendre.

Je suis également venue au haïku parce que j'étais bouleversée par les multiples incidents et tragédies dont j'ai souffert au cours de ces dernières années.

D'un côté, le décès subit de ton père reste un choc que je ne peux pas encore, et ne pourrai peut-être jamais, décrire. C'était un naufrage. Quelque chose devait changer. Quelque chose a changé. C'est précisément le regard. On ne peut plus se voir ni voir le monde et la vie de tous les jours de la même manière qu'auparavant. On découvre ou redécouvre l'immensité de l'instant. Éveillée et somnambule à la fois, j'ai l'impression de tomber dans un trou temporel qui me fait penser à mon dépaysement d'il y a plus de vingt ans. On s'approche alors d'un état d'âme quasi « haïku ».

D'un autre côté, ta naissance et celle de ton frère me précipitent dans un endroit où la misère et la splendeur sont difficiles à démêler. Cette maternité est une épreuve extrême. C'est seulement en devenant maman que j'ai commencé à m'étonner qu'une part aussi importante et complexe de la vie et de l'histoire humaine soit si rarement, sinon sous un jour romantique, présentée dans la littérature, quelle qu'en soit l'époque. Je me sens parfois au bord d'un précipice ; mes amies mères me disent que c'est un marathon, que je l'ai à peine commencé, qu'il faut se préparer à une épreuve perpétuelle, que je vais la vivre jusqu'à ma mort. En même temps que les haïkus, j'ai écrit un roman sur la maternité, la détresse refoulée des mères, leur épuisement physique et mental, leur solitude profonde, leur courage et les conditions inquiétantes dans lesquelles l'espèce humaine se reproduit aujourd'hui. Si la naissance et la croissance d'un enfant signalent ou accompagnent en quelque sorte, biologiquement ou autrement, une lente descente des parents, notamment de la mère, vers la terre, cette descente mérite non seulement d'être honorée, mais aussi examinée sous tous les angles, avec honnêteté et sans jugement, car le destin des parents détermine en grande partie celui des enfants.

Or si les parents parviennent parfois, au cours de leur descente vers la terre, à contempler l'enfant comme les poètes de haïku contemplent la nature, cette descente peut aussi s'avérer agréable et gracieuse. Il est sans doute vrai que l'épreuve est constante et que la joie n'est qu'instantanée, mais n'est-ce pas la destinée de toute aventure humaine ? Le haïku nous aide à vivre l'éternité dans l'instant, à embrasser – de tout notre cœur, avec l'éveil de tous nos sens – le malheur comme le bonheur, le déplaisir comme le plaisir. Tout ce qui nous arrive de l'intérieur comme de l'extérieur deviendrait un objet de contemplation, sans qu'il n'y ait de prévalence ni de classement d'aucune sorte. Ce qui nous arrive en cet instant précis est digéré par nos sens et fait partie intégrante de nous-mêmes, de nos enfants et de ce qui nous entoure éternellement. La plupart de mes haïkus vous sont consacrés, à toi et à ton frère, par qui je meurs et par qui je vis.

J'aurai bientôt un voyage à faire. Chaque fois que je pars, tu tombes malade et dois t'aliter, autrefois avec tes épées en papier, maintenant avec ton ballon de foot. Comment changer cela ? Sache que, où que j'aille, par la pensée je ne m'éloignerai jamais de toi, de notre amour élémentaire, de notre intimité banale, du désir de rester proche de toi, de te faire une soupe aux œufs quand tu refuses de manger autre chose.

Pour connaître la vie et pour écrire, il me semble devoir passer par autre chose que par le monde des événements. Le monde ne m'intéresse que par son intériorité. Nous vivons sans journaux ni télévision ni radio. Internet nous facilite l'accès à l'information pratique, mais c'est tout. Je préfère une vie plus biologique qu'« internautique ». Il y a une différence entre la réalité médiatisée et la réalité courante. Une naissance dans le quartier ou la mort d'un vieux voisin me semblent aussi importantes que la visite qu'un chef d'État rend à un homologue. Je préfère mener une existence simple, terre à terre, guère artistique, sans aspiration à l'harmonie ni à la perfection, avec cette conscience de la précarité constante de la vie, de la faille du corps en tant que matière qui entraîne l'esprit dans son ascension et dans son déclin, une existence attentive aux instants qui passent. Je ne sais aimer et vivre que concrètement.

Le voyage est un temps de repos pour moi, sans téléphone ni courriers électroniques, hors des tourbillons que nous traversons. Je dirais même « au-dessus », car je passe beaucoup de temps dans l'avion et, malgré le bruit étourdissant du moteur, j'ai quelques précieux instants de quiétude. Lorsque l'avion monte dans un ciel crépusculaire, quittant une ville, des querelles, des guerres, des possessions et des excitations, le paysage que je vois par le hublot me paraît étrangement silencieux. Nous sommes bientôt au-dessus d'épais nuages, d'une blancheur pure et éblouissante. Une pensée de Pascal correspond à mon état d'âme dans un tel moment :

> Je ne sais qui m'a mis au monde, ni ce que c'est

que le monde, ni que moi-même ; je suis dans une ignorance terrible de toutes choses […] Je vois ces effroyables espaces de l'univers qui m'enferment, et je me trouve attaché à un coin de cette vaste étendue, sans que je sache pourquoi je suis plutôt placé en ce lieu qu'en un autre, ni pourquoi ce peu de temps qui m'est donné à vivre m'est assigné à ce point plutôt qu'à un autre de toute l'éternité qui m'a précédé et de toute celle qui me suit.

Ce passage me donne toujours envie de me taire.

Lorsque l'avion traverse les nuages pour redescendre, il est souvent enveloppé d'un brouillard épais et on ne voit plus rien. Hors de l'avion, il n'y a plus aucune ligne, aucune forme, aucune lumière, aucun son. Cette traversée ne dure normalement que quelques minutes, mais elle me donne l'impression d'un arrêt total ou d'une durée infinie – cela revient au même. C'est ainsi que, concrètement, j'imagine la mort et perçois l'éternité. Ensuite, une lueur bleuâtre apparaîtrait. Peu de temps après, elle grandirait et virerait au violet, avec quelques traces beiges. À la fin, elle deviendrait presque rouge. Des lumières terrestres surgissent, révélant des bâtiments à la silhouette vague qui peu à peu se précise.

Ensemble, nous avons vu un film sur Édith

Piaf. Ses chansons proviennent du fond de la terre, de la rue, de la boue, du cœur et du corps, et depuis des décennies elles s'élèvent jusqu'au ciel avec cette force vocale, cette vitalité triomphante, cette humanité héroïque. Édith Piaf parlait peu à son public. Elle arrivait sur scène, attendait que la musique commence puis sa voix explosait après un bref mais profond silence. Pour pouvoir chanter, il faut une voix et il faut une vie. Or s'il est impossible de penser un roman en faisant abstraction des vicissitudes d'ici-bas, au-dessous des nuages, je serais tout aussi incapable d'en écrire si je n'avais jamais pris l'avion, si je n'avais jamais fait l'expérience de ce type de méditation involontaire – dans un avion ou ailleurs.

La musique doit naître du silence.

Notre voyage à Shanghai nous a tous excités d'abord, ennuyés ensuite et épuisés à la fin. Notre cœur palpitait lorsque, pour prendre l'avion, nous nous sommes levés à l'aube et nous avons descendu les valises une à une au bas de l'escalier extérieur, dans l'obscurité fraîche. Nous avons poussé des cris de frayeur en traversant les carrefours de Shanghai où les voitures, les motos, les bicyclettes et les piétons s'entremêlent et forcent leur passage dans une étrange harmonie, en ignorant les feux. Nous avons goûté les délices de la cuisine locale et de celle des autres régions. Nous avons entendu le dialecte des environs et des accents de toutes sortes. Nous étions entourés de notre famille et, pour un temps, nous avions le sentiment délicieux de nous être débarrassés de notre solitude. Nous nous sommes rendus deux fois au zoo, car nous trouvions peu d'endroits à visiter. Il y a le Vieux Shanghai et deux temples, et des magasins sans arrêt, toutes les rues de Shanghai étant envahies par des boutiques. Cette ville est commercialisée à outrance. Quand on arrive là-bas, on a l'impression d'entrer dans un tourbillon qu'on qualifie de grand moment historique, censé préparer un avenir meilleur. Dès notre arrivée, nous avons ressenti une certaine fatigue et nous aspirions à retourner à notre routine, à notre petite vie à Vancouver. Nous savions pourtant que nous n'étions pas venus pour le confort. C'est l'inconfort qui nous ouvrirait les yeux et nous ferait grandir. Ce devait être l'objectif du voyage – un exercice spirituel.

Alors que mon retour là-bas m'est dicté par le sort, par une nécessité presque physique, ton rapport avec cette ville est indirect et symbolique. D'ailleurs tu connais très peu ta langue maternelle. Ce voyage t'est en quelque sorte imposé par ton lien avec moi. Tu es allé à Shanghai surtout parce que tu veux être proche de ta maman. Tu es prêt à me suivre n'importe où. Tu voudrais bien aimer ce que je veux aimer et rejeter ce que je rejette.

Je me demande si je n'aurais pas mieux fait de te laisser à Vancouver et de retourner seule en Chine. J'aurais pu t'écrire des lettres sur cette ville dont l'aspect est – a toujours été – confus et indéterminé, pour ne pas dire douteux, même aux yeux de ses natifs. Shanghai, l'une des plus jeunes villes dans ce pays millénaire, a surgi dans un désert. Depuis, elle semble garder son âme désertique, malgré toutes les transformations apparentes : les nuages de poussière enveloppant une forêt d'immeubles modernes parfois laids, les voix agitées s'élevant d'une foule grisâtre et vieillissante, le bruit incessant des travaux et de la circulation, les relents imprévisibles émanant du sous-sol, etc. Les égouts de Shanghai sont probablement centenaires, alors que sa population a explosé, non pas à cause d'une grande fécondité, mais à la suite d'une migration interne massive. Tout cela, noté sur un papier, avec des mots et des tournures de maman, pourrait te procurer un plaisir exotique et un léger attendrissement, un peu comme les nouvelles de guerres étrangères suscitent dans ton jeune cœur une indicible curiosité, une excitation neutre.

Mais tout cela, vu de tes propres yeux, entendu de tes propres oreilles, senti par ton propre nez, perdrait tout romantisme et risquerait de t'inspirer déception et dégoût. Je vois déjà de petits plis se former entre tes sourcils, j'entends ton petit nez renifler avec perplexité et méfiance, je t'entends dire « J'aime *quand même* la Chine », pour me faire plaisir. Et je sens que m'envahit un sentiment familier de désolation, d'impuissance et de honte. En moi resurgit, comme une montagne, ou plutôt comme un bloc de glace enfoui au fond des mers nordiques et qui ne fondra jamais, ce vieux complexe, mon vieux problème par rapport à mes origines, que même la modernisation et l'enrichissement de ce pays ne peuvent résoudre, que je souhaite apaiser, neutraliser et, finalement, banaliser par notre installation dans une ville comme Vancouver, un peu asiatique, paisible et sportive, tournée vers une vie en plein air.

Je redoute de devoir me livrer à des discussions, à des disputes passionnées même, avec toi, qui grandis ici et en reçois les influences. Similaires à celles que j'ai déjà eues avec des amis qui ne sont pas chinois et qui ont accès à la réalité chinoise par d'autres que moi. Il est vrai que je ne peux pas encore prétendre traiter avec détachement la question de la Chine. Les médias occidentaux émettent de plus en plus souvent des opinions sur la Chine, et je ne peux supporter leurs préjugés enrobés d'une soi-disant objectivité. S'y ajoutent une certaine intolérance et parfois une bienveillance teintée de condescendance. Mes opinions à ce sujet diffèrent de mon entourage occidental à cause, d'une part, de mon identification à mon pays natal, assez forte malgré moi, de mon sentimentalisme tenace à l'égard de la ville de mon enfance en dépit de tant d'années d'éloignement, et, d'autre part, de la distance inévitable qui séparent les Occidentaux de la Chine, parce qu'ils ont leurs propres attachements profonds et qu'ils ne peuvent partager l'expérience intime que j'ai vécue dans ce pays-là. J'évite autant que possible d'évoquer ce sujet, dans ma vie et dans mon travail, du fait de la complexité de la question, de la relativité du regard, du mien et de celui des *autres*, et de l'impossibilité d'être objectif. Je sais que mon regard, ma position et ma pensée sont plus ambigus, confus, contradictoires et douloureux que les leurs, et qu'ils reflètent une vérité qui n'est pas scientifique ni factuelle, mais intuitive et personnelle. Witold Gombrowicz a écrit dans son journal que, dans sa vie et dans sa carrière, le problème de la Pologne était le plus grand obstacle qu'il voulait surmonter. Je crois comprendre l'aspect tragique de cette déclaration, de ce vœu difficile à exaucer.

Nous souffrons encore du décalage horaire de seize heures. Il n'y a pas mille et un problèmes dans ce monde. Il n'y en a qu'un : celui du temps. Le monde est nouveau ou vieux ; les civilisations, jeunes ou anciennes ; les terres, vierges ou ravagées ; les générations, passées, nouvelles ou à venir. En bien comme en mal, Shanghai est un lieu très particulier où les temps s'entremêlent et se confrontent. Un tel phénomène produit un résultat spectaculaire : le vieux cède la place au jeune mais il en entrave la marche ; l'après triomphe sur l'avant, lequel pourtant revient comme un fantôme ; le rapide l'emporte sur le lent, qui se moquera de la vanité de la vitesse et de l'achèvement.

Tu voulais voir, mon enfant, des choses « vraiment chinoises ». Je pense à ces esthètes qui ignorent et méprisent la Chine contemporaine et se plongent dans les trésors de l'ancien temps, croyant à l'existence d'une « pureté » culturelle. La « pureté » est, dans ce cas, synonyme de « fixation ». Cette croyance s'éloigne de l'enseignement de nos ancêtres. Moi aussi j'ai dit que la Chine que j'aime était morte depuis longtemps. Et je le crois toujours. Cependant, je n'oublie pas que je suis la fille de parents contemporains et que toi et moi nous sommes contemporains. D'une génération à l'autre, l'histoire est faite par ses contemporains. L'humanité perdure grâce aux contemporains. Le temps s'écoule grâce aux peuples qui vivent, construisent ou détruisent ici et maintenant. Sais-tu que beaucoup de ce qui est aujourd'hui considéré comme « authentiquement chinois », de la musique à la religion et jusqu'à la langue, ne l'était pas vraiment au départ ? Par exemple, la langue chinoise moderne, à sa naissance, n'était que la forme orale de la langue traditionnelle ; considérée comme immonde et impure, elle a été violemment attaquée. Sais-tu que, sans même parler du bouddhisme, Laozi et Kongzi ont vécu avant la constitution d'une nation dite chinoise ? Dans mille ans, les peuples futurs trouveront certainement que les gratte-ciel bâtis sur le territoire chinois sont très chinois, à condition que de tels édifices tiennent encore debout. Dans mille ans, l'Amérique pourrait devenir à son tour un chantier dénué de verdure. Le désert pourrait redevenir désert. La forêt pourrait repousser.

Dans les légendes chinoises, mille ans passent en un clin d'œil. La vie d'un individu est trop courte, il ne peut pas vivre jusqu'à mille ans et au-delà pour voir le vrai visage du monde, pour comprendre une période historique, pour s'assurer des faits, pour être vraiment convaincu de la loi du changement – l'unique caractère permanent de l'univers.

Ainsi je comprends que mon drame personnel tient au fait que, de mon vivant, je ne verrai peut-être pas une Shanghai vraiment civilisée, propre, cultivée et cohérente, et qu'elle restera toujours pour moi une source de déception et d'insatisfaction, bien que la nature de ma critique envers ce pays soit très différente de celle que formulent les médias occidentaux. Une ville comme Shanghai, tout comme celle de Vancouver, aura besoin d'un siècle pour se développer – mais selon quels critères ? – puis d'une éternité pour se retrouver. Qui sait d'ailleurs dans quel sens cette terre maritime basculera. S'élèvera-t-elle ou sombrera-t-elle devant la menace de l'océan, avec son fracas et son bouillonnement ?

Je m'attends à ce que tu viennes me dire un jour, de ta voix suave et magnifiquement confiante : « Non, tu as tort maman, je sais que tu as tort ! »

Si les mots avaient réellement du pouvoir, si la littérature pouvait encore influencer la vie en profondeur, alors je pense que l'optimisme serait un extraordinaire remède pour l'humanité dans son bref et difficile passage sur terre. Nous sommes poussière, mais nous sommes aussi étoiles. L'homme moderne, comme ceux de toute époque peut-être, rejette cet optimisme trop rapidement, au nom de quelque « vérité » qui, au fond, n'est autre que la défaillance du corps, la faiblesse de l'âme et la peur de la mort. La lucidité a peu de sens si elle n'apporte pas une petite étincelle de vie. La quête est superflue si la vérité recherchée est une évidence. Nous connaissons tous notre perpétuelle insatisfaction et mécontentement, notre perte d'innocence, nos peurs et notre animalité, notre incapacité à être heureux, mais nous nous attachons tout de même aux structures et aux jugements qui nous font souffrir de ne pas être des anges. Nous savons que nous allons mourir mais nous essayons toujours de fuir la mort. Nous n'avons ni le courage de vivre ni le courage de mourir. La résistance et le refus prévalent. Je souhaite que la littérature puisse nous offrir quelque chose de plus vaste et de plus généreux qui saurait nous aider à transcender notre condition. C'est cela qui me préoccupe en ce moment quand je réfléchis à mon propre travail.

Le contenu véritable d'une œuvre littéraire ne réside pas dans les sujets traités ni dans les intentions de l'auteur. Il se trouve, à la différence des traités scientifiques et des témoignages, dans la mystérieuse combinaison des mots, dans l'enchaînement des phrases, dans l'indicible atmosphère, dans l'écho des voix entre les lignes, parfois dans les paroles suspendues. Lorsque j'invente un personnage, je ne le représente pas, je l'incarne. Lu Xun a étudié la médecine et a vécu en temps de guerre. J'ai grandi à une époque assez agitée et il m'arrive de passer des heures à lire des ouvrages médicaux. Les écrivains qui abandonnent la médecine pour la littérature se préoccupent, bien plus que de la technique de l'écriture, de la condition et du devenir de l'être humain. D'une part, la distance entre la pathologie et la norme semble être infiniment petite, surtout dans le domaine de la santé mentale. Ainsi, je ne considère pas la narratrice de mes romans comme plus malade que les autres personnages, quoi qu'elle en pense elle-même. D'autre part, la distinction entre la vie et la mort est tout aussi ambiguë. La *mort* de ma narratrice lui sert parfois de mur psychique ; il la divise et lui permet de *vivre* davantage, c'est-à-dire avec une identité et une personnalité double. Ou encore : ceux qui sont en vie peuvent vivre moins intensément que ceux qui meurent. Beaucoup d'énergie, y compris une pulsion d'écrire, serait créée et libérée au moment où une certaine structure de l'être et de la pensée se brise ou vacille. La mort, la maladie et, pourquoi pas, le dépaysement, sont justement des occasions qui pourraient provoquer de telles ruptures et de tels vacillements. Il s'agit d'un état propice à l'écriture. Le roman suivrait le regard du fou en quelque sorte libéré et libérateur, qui montre une réalité apparemment invraisemblable, mais qui en dit long sur la nature de l'être, sur la façon dont l'homme peut s'enfermer dans ses idées et dans ses habitudes, sous le règne de ses instincts. La maladie et la mort ébranlent également la notion du temps, cette structure importante de l'humain, puisque le temps est, dans un sens, ce qui nous permet de nous sentir dans notre corps. C'est pourquoi, peut-être, certaines cultures célèbrent la mort en réveillant l'esprit du mourant et celui des vivants, les poussant vers un point charnière entre le temps et le non-temps.

Rilke dit : « Même ce qui détruit traîne à sa suite tout ce qui subsiste ; aucune mort ne peut venir sans avoir, derrière son dos, la masse du vivant. »

Je suis née au début des années soixante, à l'une des époques les plus sombres de l'histoire chinoise. La nourriture manquait, même si Shanghai était parmi les villes les mieux fournies. Il fallait des tickets de rationnement pour acheter du riz, du savon, du tissu, sans parler bien sûr de la viande et du lait, qui étaient des produits de luxe. Les slogans faisaient partie de nos lectures quotidiennes. Or je n'avais pas l'impression d'être pauvre. La pauvreté est un sentiment né de la rencontre avec l'*autre*. Les gens autour de moi ne se sentaient pas pauvres. J'ai lu les œuvres de Balzac, de Flaubert, de Hugo, des sœurs Brontë, de Shakespeare, de Hemingway, de Kafka, de Camus – toutes considérées comme « dénonciatrices du système capitaliste » et donc permises à l'époque dans mon pays – quand je vivais à Shanghai, et je ne me sentais pas pauvre. La littérature ne nous a pas rendus pauvres, car elle explore une misère encore plus profonde que les besoins matériels, elle touche une pauvreté plus étendue que celle d'un pays du tiers-monde.

Les Shanghaïens ont commencé à se croire pauvres quand les films occidentaux sont arrivés avec leurs images de voitures surpuissantes, de maisons à trois étages munies de baignoires ressemblant à des piscines, et de hamburgers gigantesques servis avec des litres de Coca-Cola, comme s'il s'agissait d'une des plus grandes sources de vie. Je me suis sentie pauvre lorsque, en arrivant au

Canada, j'ai appris que les gens de ma génération, dans leur enfance, avaient du lait à boire, du bœuf et des pommes de terre à manger, et qu'ils se plaignaient de cette nourriture de pauvres. La pauvreté est donc une impression provoquée par le contact non pas spirituel, mais physique avec l'*autre*. Ainsi, au cours de mes premières années au Canada, si je n'avais que de mauvais souvenirs de mon enfance, si je ne parlais que de ma jeunesse gâchée, c'est parce que j'étais malheureuse d'être partie, malheureuse d'être incapable d'arriver et malheureuse de ne pas avoir de destination, parce que j'essayais encore de m'identifier à quelque chose, tout en éprouvant de la difficulté à le faire et en sentant cette même difficulté grandir.

L'an dernier, pendant un concert en après-midi où Chopin était interprété par une vedette de vingt et un ans, née en Corée du Sud, tandis que j'étais assise à côté de vous deux, toi et ton frère, baignant dans cette musique lumineuse et fluide, j'ai soudain ressenti un bonheur, très profond et très lointain. Je crois ne plus avoir connu de tel bonheur depuis la fin de mon enfance et après la désastreuse révolution, depuis le commencement de la « réforme » et l'avènement du capitalisme, tout aussi féroce qu'une révolution culturelle, depuis que ma grand-mère a quitté ce monde, creusant ainsi un abîme dans mon existence, un trou sur mon chemin où je reviens sans cesse, un endroit où semblent converger tous les germes de mes angoisses et de mes questions. J'ai entrevu, dans les mélodies de Chopin, des rayons de soleil brumeux éparpillés sur un parc en fleurs, sur la fin des années soixante et le début des années soixante-dix, sur les cheveux gris de ma grand-mère assise sur un banc et me regardant jouer, la plupart du temps seule. Ces mêmes rayons me suivaient jusqu'à une ruelle où, chaque midi, ma grand-mère m'attendait pour déjeuner, ouvrant déjà sa porte, avançant la tête de temps en temps, les pieds demeurant timidement sur le seuil. Je me suis dit, cet après-midi, dans cette salle de musique près de ma maison, à Vancouver, que finalement les grandes révolutions ne peuvent priver les petites gens de leurs petits bonheurs, que mon enfance, comme celle de milliers de Chinois de ma génération, n'était pas uniquement faite de misère et d'humiliation. Je me rends compte maintenant que, à l'époque, le manque matériel et spirituel a pu être compensé par une indicible stabilité dans mon rapport avec les choses, par une satisfaction, sinon un détachement, ainsi qu'une sorte d'innocence consciente, qui m'ont été enseignés comme un cheminement important – autant que les livres et les mots – vers le salut, que mon incompréhension et mon inquiétude face aux bouleversements du temps ont pu être calmées ou diminuées par la présence rassurante de ma grand-mère, que son amour simple et infini pour moi a pu créer dans mon jeune cœur de quoi défier les instabilités du temps.

Mes amis et mes proches me contrediraient sûrement puisque, de toute évidence, j'ai eu d'autres bonheurs que celui-là, que ce bonheur ancré dans le malheur de l'époque, dans la privation et le silence. Je sais parfaitement que ma mémoire est sélective, que je ne me représente jamais mon enfance de la même façon, comme si j'avais eu plusieurs enfances. Si aujourd'hui je crois plutôt avoir été une enfant heureuse, bénie et protégée malgré les circonstances historiques, au point de dire que ce bonheur lointain dépasse tous les autres bonheurs, c'est précisément parce que je suis en train de vivre, en ce moment même, une période relativement sereine de ma vie, que, sans le vouloir, j'ai tendance à projeter le bonheur présent sur le passé, et que je suis peut-être en train de réinventer mon enfance. En fait, c'est seulement maintenant, seulement depuis que je ne cherche plus à m'identifier à quoi que ce soit, que j'ai commencé à accepter mon enfance et ma vie précédant la réforme en Chine ainsi que ma vie loin de Shanghai, sous d'autres lois et dans d'autres langues. Je suis ce que je suis, je suis le moi nourri par tous, je suis l'*autre* qui, par l'écriture, pénètre les consciences, je suis à la fois le *moi* et l'*autre*, et je ne suis peut-être rien. J'accueille les bras ouverts tout ce qui m'est arrivé et tout ce qui m'arrivera dans cette vie, depuis que je n'ai plus peur d'être rien. Quand on n'a plus peur d'être rien, on n'a plus peur de mourir, c'est alors que les écrits du *Yi Jing* prennent tout leur sens.

Bientôt viendra ton anniversaire – une grande fête pour notre famille. Il n'y a pas une journée, pas une minute où je ne pense à toi. De toute ma vie, je ne connaîtrai pas, j'en suis certaine, d'amour plus vrai, plus durable. Je vois réuni en toi le meilleur de ton père et de moi. Je ne trouve pas les mots qui suffiraient à exprimer ce que je ressens en ce moment : cette joie, cette tendresse infinie, cette admiration pour ta beauté, ta candeur, ta vivacité, ton humour, ta confiance en toi et en d'*autres,* ta générosité naturelle, et cette gratitude envers toi dont l'amour pour ta maman, je le sais, est d'une immensité incommensurable, cette gratitude pour une dizaine d'années de bonheur inouï. Avant, je pensais que je ne voudrais pas vivre sans Bach, Mozart, Monet, etc., sans tous ces esprits capables de m'élever au-dessus de moi, du moins momentanément. C'était parce que je ne trouvais pas d'attachements plus grands. D'innombrables facteurs concourent à éteindre notre flamme, comme de grands coups de vent, ou à consumer notre jeunesse et à nous miner de l'intérieur, à petit feu. Nous, les adultes, nous faiblissons et nous mourons un peu chaque jour. Mais maintenant, ton existence seule suffit à me retenir en vie, ta croissance suffit à me consoler de mon vieillissement.

Ton destin me préoccupe. Il m'est impensable de donner la vie sans donner le bonheur. Pourtant, le bonheur est une seconde vie, bien plus déterminante que la première, qui ne se donne pas, qui échappe au pouvoir des parents, qui ne peut que s'apprendre, mais qui illumine la vie élémentaire, lui confère un sens et la prolonge. Cette seconde vie est à la fois difficile et accessible. Commentant le théâtre de Maeterlinck, Rilke écrit : « Même si nous n'avons qu'une influence très réduite sur bien des événements extérieurs, nous exerçons une action toute puissante sur ce que ces événements deviennent en nous-mêmes […]. » Il s'agit donc de « désarmer constamment la destinée en la conquérant à chaque instant ». Je prie pour que tu aies cette force et que tu renaisses de toi-même.

Dans le même article, Rilke mentionne *La Vie des abeilles*. Dans ce livre étrange, Maeterlinck constate que le travail de la communauté des abeilles, avec ou sans conscience, quelle que soit la fonction de chacune, vise uniquement à assurer et à préparer l'avenir, l'existence des générations futures. C'est ce que Rilke appelle « l'esprit de la ruche ». Cet esprit, la Terre et la communauté humaine en ont aussi grand besoin, à cette époque où l'individualisme atteint son comble, où « vivre au présent » devient un slogan triomphant, déguisé en sagesse, mais vulgarisant et déformant la philosophie du *Tao*. Cette course contre le temps dans laquelle nous sommes engagés malgré nous, ce piège matériel réduit notre vie première et nous empêche d'accéder à une vie plus profonde. Tant de fois, surtout le vendredi après-midi, nous avons remarqué que les automobilistes klaxonnent, zigzaguent entre les voitures, ouvrent parfois la vitre pour se lancer des injures et entrent même en collision. Tout cela pour gagner, ironiquement, quelques minutes de plus dans une campagne paisible, pour mieux « vivre au présent », pour « faire » plus. Encore plus curieusement, il y en a même qui se pressent pour se donner plus de temps pour méditer ! Comme s'il fallait chercher ailleurs l'objet de la méditation plutôt que dans la vie elle-même qui s'écoule en toute forme sous nos yeux, entre nos mains et dans notre corps. Comme s'il fallait mourir, sortir de la vie pour entrer dans un état méditatif.

Cette impatience, cette exigence pour l'efficacité est la preuve que l'esprit reste fortement conditionné par le temps et l'espace. Cette attitude n'a rien à voir avec « l'être au moment présent » du *Tao*, où il s'agit de contempler l'instant qui passe, d'oublier qui nous sommes dans ces grandes plages de temps, dans le rien, jusqu'à ce que nous soyons en harmonie avec notre entourage et notre environnement.

Je t'ai parlé de tout et de rien. Un peu au hasard, comme on se promène, j'ai évoqué le calme intérieur, la nécessité du silence et du recul, l'importance de cultiver un regard à la fois sensible et détaché, nos rapports avec la Chine, qui nous hante de loin, Rilke, la surface et la profondeur des océans, la pluralité de la vérité, ta venue au monde et le sens d'être mère, l'importance de la pensée positive et du contentement. Maintenant, je veux aussi te rappeler que vivre n'est pas synonyme de faire, que tout n'est pas quantitatif, que vivre, c'est d'abord « être ». Je t'ai confié des réflexions inspirées par nos promenades au bord de mer et ailleurs, par les pertes que tu as déjà subies et la sensibilité que la vie t'a accordée – tu sais déjà « pleurer sans pleurer », comme tu dis – et par ta simple présence quotidienne. J'ai écrit tout cela en me rendant bien compte de ta nature, de ton caractère, des forces et des faiblesses qui te sont propres, mais qui sont aussi un peu les miennes, que je peux donc prétendre connaître, lesquelles me font entrevoir vaguement tes futurs succès et obstacles. Un seul motif, je dirais même une seule passion – similaire à « l'esprit de la ruche » – m'anime en ces lettres : mon désir d'assurer ton bonheur et mon espoir en l'avenir de l'humanité, que tu incarnes avec tes contemporains, dans ta vie ascendante et, malgré tout, riche et lumineuse.

« Que se passe-t-il ensuite ? » Voilà une question nouvelle que tu répètes beaucoup et qui a tout d'une question ultime.

Depuis que tu es entré à l'école et que je ne peux plus partir avec toi, je raccourcis tous mes voyages pour te rejoindre le plus vite possible, consciente que chaque minute compte pour notre vie commune, que nous serons un jour séparés par les incidents de la vie, mais surtout par un décalage irrécupérable, plus grand que celui de tous les voyages réunis, entre la date de ta naissance et la mienne. Ni toi ni moi ne nous en rendons compte au jour le jour, seul notre éloignement temporaire nous rappelle qu'il y a urgence à nous aimer.

Peut-être parce que le corps se détache de la terre, qu'il s'élève dans l'air, l'avion est pour moi un lieu de méditation sur la mort. Si la mort n'a jamais été une préoccupation importante dans mon travail et dans ma vie, elle occupe néanmoins une place dans mon esprit. Je dirais même qu'elle est devenue une petite hantise depuis que je suis devenue ton seul parent. Je prends des dispositions concrètes et les revois chaque fois que je pars en voyage. Je n'ai jamais eu peur de mourir. Je ne redoute que la détérioration mentale et l'affaiblissement physique accompagnant le vieillissement. Par respect pour la Création, j'espère ne pas avoir à décider de mourir ni de prolonger inutilement ma vie – tout comme je n'ai pas décidé de naître. Je préférerais que cela *arrive*, ou que je *tombe*. Or, pour la première fois, je reconnais que vivre est pour moi une responsabilité, une obligation, une nécessité. Je veux vivre et je lutterai pour vivre, car je ne peux pas vous laisser, toi et ton frère. Vous grandiriez peut-être mieux sans moi, sans mes manies, mes attentes, mes plaintes et mes colères, mais je ne supporte pas que vous grandissiez sans moi. C'est pourquoi je m'accroche fortement à cette vie.

Je suis préoccupée par la vie ici et maintenant, par ce qui entoure, temporellement et spatialement, cette humanité à la fois magnifique et affreuse, sublime et souffrante. La religion concerne l'*après* et dévalorise la vie des hommes. Quand je lis Proust et écoute Bach, je me dis : je n'ai pas besoin d'un Dieu transcendant. Dieu est ici, en chacun de nous. Et je ne veux pas qu'il meure.

Je pense au *moment présent* : comment continuer en paix, avec dignité ? Et nous ne pouvons pas continuer sans enfants. Dans *Un enfant à ma porte*, je voulais montrer qu'il n'y aurait pas d'enfants, s'il n'y avait pas de mères. Virginia Woolf a dit que, pour qu'une femme puisse écrire, elle doit avoir deux choses : une chambre à elle et de l'argent. Je dirai que, pour qu'une femme devienne mère et le reste, pendant les trop brèves années où elle est dans la force de l'âge, elle a tout autant besoin de ces deux choses.

Pour les non-croyants que nous sommes, la mort reste une chose à régler. Que devenons-nous après ? Y a-t-il une telle chose, un tel lieu, qu'on puisse appeler l'*après-mort* ? C'est une question que tu m'as posée de nombreuses fois et à laquelle je n'ai pas de réponse claire et définitive. Je l'ai cependant cherchée. Je suis allée dans des temples écouter les sons des tambours Tong, dans des églises écouter les chants, j'ai surtout écouté le silence nocturne en pleine campagne. Tout cela peut m'émouvoir, mais je ne me suis jamais prosternée devant une statue et je ne pense pas être prête à le faire prochainement. La raison n'en est pas seulement le commerce des moines, qu'on devine dans l'obscurité des temples, le comique qu'on ressent dans les églises, où l'on interprète l'actualité du monde selon des principes bibliques, ni la mine prétentieuse et suspecte des mystérieux maîtres du nouvel âge, et toutes sortes d'horreurs commises au nom de diverses croyances.

Non, nous n'avons pas besoin d'institutions pour prier. Je n'ai pas encore l'humilité qu'il faut pour pouvoir fermer les yeux et baisser la tête devant ceux qui sont censés me guider sur le chemin de la mort et m'aider à répondre à ta question : « Que se passe-t-il après la mort ? » Car, dans mon cœur, la vie est beaucoup plus forte que la mort, cette vie compte plus que celle de l'au-delà, toi et le commun des mortels m'êtes mille fois plus importants que le firmament, je préfère consacrer mon énergie à vivre ici et maintenant plutôt qu'attendre la fin de ma vie ou en espérer une autre. Je dirai à tous les maîtres : « Recherchez l'illumination, je vous en félicite. Mais laissez-moi dans mes ténèbres, que je savoure encore, et ne me plaignez surtout pas. » De plus, je n'échangerai contre rien ma faculté de douter et de questionner, car c'est cela le moteur de ma vie et de mon art – quoiqu'il ne contribue pas grandement à mon bonheur.

Bref, ni la mort ni la vie éternelle ne m'intéressent. Si je n'ai pas trouvé de réponse à ta question, c'est que je ne la cherche pas vraiment, craignant que toute réponse finale, toute certitude paralyse mon esprit et m'empêche d'être. Si la vie est un roman, je préfère le lire sans en connaître la fin, le dénouement, la signification, sans chercher ce qui se passe en dehors du roman ni ce qui vient à sa suite. Si la vie est un rêve, je préfère ne jamais me réveiller. Méditer sur la vie est pour moi la vivre minute après minute, détail après détail.

Je cite souvent Rilke, un écrivain qui ne semble pas avoir eu le désir de se situer dans son monde et son époque, de se laisser définir. En référence à des passages ténébreux dans certains de mes livres, tels le suicide accidentel dans *L'Ingratitude,* le retour à la source dans *Le Mangeur,* on a attiré mon attention sur la célèbre épitaphe de Rilke, « Rose, ô pure contradiction, volupté de n'être le sommeil de personne sous tant de paupières », qui représente la mort avec tant de beauté et de sérénité. Moi qui ai écrit sur la laideur et sur les combats, je ressemblais peu à une élève de Rilke.

La différence entre Rilke et moi n'est pas le fait que je suis chinoise et lui, allemand. Elle se trouve d'abord dans l'art que nous pratiquons. J'écris des romans, Rilke écrit des poèmes. Le roman est, à mon sens, le genre de la non-sagesse, de l'exception, de l'extraordinaire, de l'exagéré, de la mise en scène de la vie dans tous ses aspects et sans aucun tabou, de l'effet dramatique, du brutal, de l'extravagance, du maladif, de l'imprudence, de l'immoral, de l'impur, etc. Le roman s'enfonce dans la terre et les destins, et tire sa beauté des ténèbres. La poésie peut parfois remplir ces fonctions – à l'image des merveilleux poèmes de Rimbaud –, mais elle est surtout un lieu de méditation et de recul, comme dans un grand nombre de poèmes chinois anciens et dans l'œuvre de Rilke. « Chanter en vérité est un autre souffle. Un souffle autour de rien. Un vol en Dieu. Un vent », dit-il dans les *Sonnets à Orphée*. C'est exactement ce que j'apprécie chez ce poète. Il a pu faire ce que je ne suis pas capable d'accomplir, parce qu'il avait une foi et une spiritualité que je n'ai pas et qui m'attirent. Alors que, pour moi, mourir correspond à la perte pathétique de mes enfants et de mes amitiés, ou à un néant qui engloutira mon corps, Rilke voit dans la mort une transformation plus ou moins grandiose et croit à une « fête finale ». Son œuvre est avant tout une quête de l'harmonie et du divin. Je lis Rilke en retenant mon souffle, comme lorsque j'écoute le son des tambours Tong et des cloches, les chants et les prières. Je n'ai pas de réponse à ta question, mon enfant, mais je te recommande les poèmes de Rilke.

CRÉDITS ET REMERCIEMENTS

Les Éditions du Boréal reconnaissent l'aide financière du gouvernement du Canada par l'entremise du Fonds du livre du Canada (FLC) pour leurs activités d'édition et remercient le Conseil des arts du Canada pour son soutien financier.

Les Éditions du Boréal sont inscrites au Programme d'aide aux entreprises du livre et de l'édition spécialisée de la SODEC et bénéficient du programme de crédit d'impôt pour l'édition de livres du gouvernement du Québec.

Couverture : Don Griffin, *Gate Two* (détail), Harris Fine Arts, LLC.

Ce livre a été imprimé sur du papier 100 % postconsommation,
traité sans chlore, certifié ÉcoLogo
et fabriqué dans une usine fonctionnant au biogaz.

MISE EN PAGES ET TYPOGRAPHIE :
LES ÉDITIONS DU BORÉAL

ACHEVÉ D'IMPRIMER EN SEPTEMBRE 2014
SUR LES PRESSES DE L'IMPRIMERIE GAUVIN
À GATINEAU (QUÉBEC).